Un hombre entra en un bar y...

Grupo ROBIN BOOK

Barcelona - México
Buenos Aires

Samuel Red

Un hombre entra en un bar y...

humor
ROBIN
BOOK

Si usted desea que le mantengamos informado de nuestras publicaciones, solo tiene que remitirnos su nombre y dirección, indicando qué temas le interesan, y gustosamente complaceremos su petición.

Ediciones Robinbook
información bibliográfica
Industria 11 (Pol. Ind. Buvisa)
08329 Teià (Barcelona)
e–mail: info@robinbook.com

© 2011, Ediciones Robinbook, s. l., Barcelona
Diseño cubierta: Regina Richling
Fotografías de cubierta: iStockphoto
Ilustraciones interiores: Clipart&More©collection
ISBN: 978-84-7927-843-4
Depósito legal: B-2.027-2011
Diseño interior: MC producció editorial
Impreso por Limpergraf, Mogoda, 29-31 (Can Salvatella), 08210 Barberà del Vallès

Impreso en España – *Printed in Spain*

INTRODUCCIÓN

Los chistes de borrachos son un referente cuando se trata de amenizar una fiesta o una reunión de amigos. El tan cacareado «Un hombre entra en un bar y...» que da título a este libro predispone al público a pasar un buen rato, relajarse con divertidas historias y liberar buenas dosis de endorfinas. En el interior del libro el lector encontrará algunos de los mejores chistes de borrachos que podrá utilizar en cualquier ocasión, pero como aperitivo sirvan estos:

«Un borracho que llega a las seis de la mañana a la sede de alcohólicos anónimos y golpea la puerta muchas veces. De tanto golpe sale el portero y dice: "Para apuntarse venga a las nueve", a lo que el borracho responde: "No, si yo vengo a borrarme".»

«Un borracho que está en El Corte Inglés en las escaleras eléctricas bajando y se cruza con una rubia despampanante que subía con una minifalda y se le queda mirando por debajo de la minifalda y le dice la rubia: "¡Tu no eres un caballero!", a lo que le contesta el borraccho: "¡Y tú no eres rubia!"».

Cada vez es más necesaria la risa en nuestra sociedad, más aún en momentos como los que vivimos. Reír y compartir sonrisas es una de las mejores terapias en estos tiempos en los que es tan necesario distenderse y relajarse viendo el sombrío panorama que los medios de comunicación nos presentan día a día.

La pretensión de este nuevo libro no es más que poner en evidencia lo mejor y también lo peor de nosotros mismos, el sinsentido y lo absurdo de hechos cotidianos que muchas veces consideramos «normales». El reto es ofrecer lo más fresco, lo más divertido y lo más actual que se cuece en el mundo del humor, con el objetivo de pasar un buen rato e intentando no ofender a nadie.

Resaltar el lado cómico, grotesco o ridículo de las cosas normales es la función del humor. Es también una parte importantísima de la comunicación humana, ya que consigue en muchos casos hacer más soportables elementos que en otro contexto nos resultarían tristes o desagradables.

Quien ríe más, vive mejor. Así lo atestiguan las crónicas de todos los tiempos. Y así lo sostienen algunos estudios médicos que asocian el humor con una mejora del ánimo y una superproducción de endorfinas que aumentan las defensas del organismo. Así pues, tomemos este libro como si fuera pócima mágica y preparémonos para una sesión de risas garantizadas.

ABOGADOS

CON LA LEY HEMOS TOPADO...

Un hombre va a un abogado y le pregunta:
—Y usted ¿cuánto cobra por una consulta rápida?
—1.000 euros por tres preguntas.
—Vaya, es un poco caro, ¿no?
—Sí... y dígame, cuál es su tercera pregunta.

—¿Cuál es la diferencia entre un abogado y un vampiro?
—El vampiro solo te chupa la sangre de noche.

—¿En qué se parecen los abogados a las bombas atómicas?
—Todo el mundo los tiene porque el resto de la gente los tiene, pero todo el mundo preferiría no utilizarlos.

—¿Cómo nombras a un abogado con un coeficiente intelectual de 50?
—Su Señoría.

El juez le pregunta al acusado:
—Entonces, ¿insiste en que no quiere un abogado?
—No, pienso decir la verdad.

Un abogado llega a su trabajo el primer día. Una secretaria entra en su despacho y le dice que tiene una visita; el abogado le dice que le haga pasar, entonces coge el teléfono y empieza:

—...y dígale al señor Gómez que no estaremos dispuestos a aceptar menos de tres millones, y que no se moleste en llamar a menos que esté de acuerdo en esta base. ¿Está claro? (cuelga) Buenos díaas, ¿en qué puedo ayudarle?

—Buenas, vengo de la telefónica a conectarle el teléfono.

Dos amigas del instituto se encuentran al cabo de muchos años.

—Hombre, tía, ¡cuánto tiempo, he oído que te casaste!

—Sí, con un abogado, y un hombre muy honrado.

—Oye, ¿pero eso no es bigamia?

—¿Cuál es la diferencia entre un perro y un abogado?
—El perro sabe cuando debe dejar de perseguir una ambulancia.

Los Abogados jamás deberían hacer una pregunta a una abuela si no se encuentran preparados para la respuesta.

Durante un juicio en un pequeño pueblo, el abogado acusador llamó al estrado a su primera testigo, una mujer de avanzada edad.

El abogado se acercó y le preguntó: —Señora Fortunati: ¿sabe quién soy?

Ella respondió: —Sí, lo conozco señor Sanny. Lo conozco desde que era un niño y francamente le digo que usted resultó ser una gran decepción para sus padres. Siempre miente, cree saber de todo, es muy prepotente, abusivo, engaña a su esposa y lo peor de todo, manipula a las personas. Se cree el mejor de todos cuando en realidad es un pobre hombre. Sí, lo conozco....

El abogado se quedó perplejo, sin saber exactamente qué hacer. Apuntando hacia la sala, le preguntó a la señora Fortunati: —¿Conoce al abogado de la defensa?

Nuevamente ella respondió: —Claro que Sí, también conozco al señor Pérez desde que era un niño. Él es un flojo y medio raro, y tiene problemas con la bebida. No puede tener una relación normal con nadie y es el peor abogado del Estado. Sin mencionar que engañó a su esposa con tres mujeres diferentes, una de ellas su esposa, ¿recuerda? Sí, yo conozco al señor Pérez y su mamá tampoco está orgullosa de él.

El abogado de la defensa casi cae muerto.

Entonces, el juez llama rápidamente a los dos abogados para que se acerquen al estrado, y les dice:

—Si alguno de los dos le pregunta a esa vieja si me conoce, los mando a la silla eléctrica a los dos.

—¿En qué se diferencia un abogado a un cuervo?
—En que uno es rapaz, ladrón y traicionero, y si puede te saca los ojos, y el otro es un inocente pajarito negro.

En un juicio dice el fiscal:
—Miren al acusado, su mirada torva, su frente estrecha, sus ojos hundidos, su apariencia siniestra.

Y el acusado interrumpe:
—Pero bueno, ¿me van a juzgar por asesino o por feo?

En un juicio el abogado pregunta al testigo:
—Doctor, antes de realizar la autopsia, ¿verificó si había pulso?
—No.
—¿Verificó la presión sanguínea?
—No.
—Entonces, ¿es posible que el paciente estuviera vivo cuando usted comenzó la autopsia?
—No.
—¿Cómo puede estar usted tan seguro, doctor?
—Porque su cerebro estaba sobre mi mesa, en un tarro.
—Pero, ¿podría, no obstante, haber estado aún vivo el paciente?
—Es posible que hubiera estado vivo y ejerciendo de abogado en alguna parte.

En un juicio público, el juez advierte a la sala:
—¡Silencio! Les advierto que como vuelva a oír «abajo el juez» los echo a la calle.
—¡Abajo el juez! —se oye de nuevo.
Y el juez exclama:
—La advertencia no lo incluye a usted, señor acusado.

El abogado de la defensa pregunta al acusado:
—¿Así que robó las barras de pan porque tenía hambre?
—Sí señor abogado.
—¿Y por qué, además, se llevó el dinero que había en la caja?
—Porque no solo de pan vive el hombre.

Un abogado tomaba el sol en un parque, cuando se le acerca una señora y le pregunta:
—¿Qué hace señor abogado?
—Aquí, robándole unos rayitos al sol.
—Usted abogado, siempre trabajando a todas horas, ¿no?

Durante un juicio por corrupción política, el fiscal interroga al testigo:
—¿Es cierto que usted recibió una cantidad muy importante de dinero para obstruir la investigación?
El testigo con la mirada perdida se mantenía en silencio.
El fiscal creyendo que no le había oído repite la pregunta:
—¿No es cierto que usted recibió una cantidad muy importante de dinero para obstruir la investigación?
El testigo con la mirada perdida seguía en silencio.
Finalmente el juez se dirige al testigo: —Por favor, responda a la pregunta.
—¡Oh!, perdón creí que el fiscal se dirigía a usted, señor juez.

Se murió un experto en programación y automatización de sistemas. Llevaba una vida ejemplar, pero no creía en Dios, por tanto lo mandaron al infierno. Era muy bueno programando y en poco tiempo arregló todos los desperfectos en el infierno, dejando que todo funcionara de forma automática, sin tener que resetear los equipos. Instaló acondicionadores de aire en las oficinas, cafeteras automáticas, sistema multicanal de TV en todos los departamentos y puso a funcionar muchos otros servicios.

Dios, al enterarse de todo esto lo quiso transferir al Paraíso, pero el diablo se opuso.

Dios se molestó y le dijo: —¡Te voy a demandar!

—Sí, como no —dijo el diablo con sarcasmo— ¿y dónde encontrarás un buen abogado, si en el paraíso no hay ninguno?

En una cátedra de la carrera de Derecho le dice el profesor a los estudiantes:

—Hijos míos, recuerden que cuando sean abogados, los casos a veces se ganan y a veces se pierden, pero siempre se cobran.

Un abogado se muere y toca las puertas del cielo, y sale san Pedro y le pregunta:

—¿Qué quieres?

—¡Entrar! —le dice en tono muy rebelde.

—Y tú, ¿quién eres? —le dice san Pedro.

—Y tú, ¿quién eres que me preguntas? —le dice el abogado.

—¿No me reconoces?, soy san Pedro, la mano derecha de Dios.

—¿Tienes contrato de trabajo? —le pregunta el abogado.

—Espera, espera, Jesús ven, el de afuera me pide el contrato de trabajo.

—¿Quién es?

—¡No sé!

Entonces sale Jesús...

Le pregunta lo mismo, y el abogado le responde igual, pero a él le pide partida de nacimiento.

—Espera, espera, María anda a ver al de afuera.

Sale María...

—¿Qué quieres?

—Entrar, le responde el abogado.

—¿Y quién eres?

—Y tú, ¿quién eres?

—Soy María —le dice— la esposa de Dios.

—Muéstrame el acta de matrimonio —dice el abogado.

—Espera, espera,

—Dios, ven a ver al de afuera.

Sale Dios.

—¿Qué quieres? —le pregunta Dios.

—¡Entrar!

—Y tú, ¿quién eres?

—Soy Dios, el dueño de todo esto.

—¿Tienes el contrato de COMPRA-VENTA?

ABUELOS

En un viaje del imserso...

Se trata de una pareja de viejecitos. La señora lleva a su esposo al otorrino por que no escuchaba absolutamente nada.

El doctor lo examina y le da el diagnóstico a la señora:

—Su esposo lo que tiene es otitis testicular.

—¿Pero qué es eso doctor?

—Mire señora, lo que pasa es que a su esposo le pasa por las bolas todo lo que usted le dice.

Cuando mi abuela tenía 60 años, el médico le recomendó que caminara cinco kilómetros diarios... Ahora tiene 90, pero no sabemos dónde está.

Estaban varios viejecitos en una celebración. Uno de ellos, se levanta y anuncia:

—Cuando me muera quiero donar mis ojos.

Otro se levanta y dice:

—Cuando me muera quiero donar mi hígado.

Todo el mundo empieza a decir lo que va a donar cuando se muera. Le llega el turno al último, un octogenario, y muy serio declara:

—Cuando yo me muera voy a donar mi pene.

Todos los presentes exclaman:

—¡Que grande, que generosidad, que maestro, nadie nunca se había ofrecido para donar eso! ¡Viva el buen señor que va a donar su pene!

Con el fin de felicitarlo, todos empiezan a gritar:

—¡Qué se levante! ¡Qué se levante!

El viejecito, con una sonrisa, dice:

—¡Ay.. sí, se me levantó!... ¡pues ahora no donó un carajo!

Están un matrimonio de octogenarios en la cama intentado hacer el amor y él dice:

—¿Sesenta noventa?

—Noventa cien —responde ella.

—¡Que si sesenta noventa! —insiste él.

—¡No! ¡noventa cien! —grita acalorada.

Él, desesperado, se pone la dentadura postiza y vuelve a preguntar:

—¿Se siente que entra?

Ella, también con la dentadura postiza en la boca responde:

—¡No, no entra bien!

Tres viejos están sentados en un banco del parque tomando el sol.

—Jo… Si es que hay que ver lo que es la edad… Tengo 70 años, y todos los días a las 7 en punto me levanto con unas ganas horribles de mear. Pero no hay forma, tu, me paso el día entero queriendo mear, pero no puedo.

—Pues eso no es nada, a mis ochenta años, me levanto a las 8 y lo primero que hago es irme a cagar, pero nada, que no hay manera, oye, y así me paso el día entero.
—Pues yo —responde el tercero— con mis noventa años, meo todos los días a las 7 y cago a las 8; luego, a las 9, me despierto.

Están dos abueletes en una residencia para la tercera edad y uno dice:
—Esta noche follo.
Y otro le responde:
—Sí, con fatatas.

Fallece el abuelo a los 95 años. El nieto va a darle el pésame a su abuela de 90 y encuentra a la anciana llorando; la abraza y la consuela.
Un rato después, cuando la nota más calmada, el nieto aprovecha y le pregunta:
—Abuelita, ¿cómo murió el abuelo?
—Fue haciendo el amor —le confiesa la mujer.
El muchacho le replica que las personas de 90 años o más no deberían tener sexo porque es muy peligroso.
Pero la abuela le aclara:
—Lo hacíamos solamente los domingos, desde hace cinco años, con mucha calma, al compás de las campanadas de la iglesia; «ding» para meterla «dong» para sacarla...
—¿Y que falló abuela? —le pregunta el nieto...
—¡¡¡AY HIJO!!!...¡¡¡PASÓ EL DE LOS HELADOS!!! ¡¡¡SACUDIENDO ESA MALDITA CAMPANILLA DE MIERDA!!!

Un señor mayor se hace miembro de un campo de nudistas muy exclusivo por simple curiosidad, en busca de nuevas emociones.

Como era su primer día, se quitó la ropa como todo el mundo y fue a dar vueltas por el jardín. Una linda rubia apareció por ahí y él inmediatamente tuvo una erección. La chica notó su erección e inmediatamente se le acercó sensual:

—¿Me ha llamado, señor?

—¿Yo? No, ¿por qué?

—Usted debe ser nuevo; le voy a explicar, aquí tenemos una regla, si le provoco una erección, quiere decir que usted «me ha llamado, que usted me desea».

Sonriente, la chica lo lleva a un jardín apartado y discreto y se tumba en una toalla; tira del hombre y se deja poseer de todas las formas posibles.

El fulano, loco de contento, sigue explorando las delicias de aquel campo.

Entra a la sauna, se sienta e involuntariamente se le escapa un pedo. Sonriente, de inmediato se le acerca un tipo enorme, cachas y peludo, con una erección del tamaño de un bate de beisbol:

—¿Me ha llamado, señor?

—¿Yo? No, ¿por qué?

Usted debe ser nuevo aquí. Le voy a explicar: tenemos una regla que dice que si te tiras un pedo, significa «que me ha llamado, que usted me desea».

Dicho esto, el gigantón lo voltea, lo pone a cuatro patas y lo posee de una manera bestial. Luego se marcha.

El novato a duras penas, andando como un pato ahí sacando el culo para fuera, se dirige como puede a la oficina del club. Una recepcionista desnuda lo saluda muy sonriente:

—¿Puedo ayudarlo, señor?

Él le devuelve su llave y su tarjeta y dice:

—Puede quedarse con los 500 euros de cuota inicial.

—Pero, señor, usted tan solo ha estado aquí un par de horas y solamente ha visto un par de nuestras instalaciones.

—Escúcheme una cosa, yo soy un hombre de 78 años. A duras penas tengo una erección al mes, pero me tiro como 50 pedos al día… ¡NO ME CONVIENE GRACIAS!

En el asilo de ancianos, le pregunta un abuelo a otro:

—¿Por qué golpeaste a tu compañero de cuarto?

—Por abusivo.

—¿Por abusivo?

—Sí, usaba mis camisas, mis corbatas y mis trajes, y no me importó. Lo que no pude tolerar fue que se riera de mí con mi propia dentadura postiza.

Una anciana pareja estaba celebrando su 50 aniversario de boda, por eso decidieron volver al pequeño pueblo donde se habían conocido por primera vez. Sentado junto a ellos estaba un hombre que sonreía mientras hablaban.

—¿Recuerdas la primera vez que hicimos el amor? fue sobre ese prado que está al otro lado de la carretera, ¿recuerdas cuando te puse contra la valla?, ¿por qué no lo hacemos otra vez como en los viejos tiempos?

Salieron del café y cruzaron hasta el prado. El hombre sonrió, pensando que era muy romántico, y decidió que lo mejor era que echar un vistazo a la pareja, por si acaso se hacían daño.

El viejecito cogió a su mujer cuando estuvieron desnudos y la apoyo contra la valla. El hombre, que seguía mirando, no podía creer lo que veía.

Con la vitalidad de una jovencita, la mujer se movía violentamente de arriba abajo, mientras el marido se convulsionaba como un salvaje. Siguieron durante un buen rato hasta que los dos cayeron al suelo exhaustos. Más tarde el hombre se acercó y les dijo:—Ha sido la forma de hacer el amor más bonita que he visto en mi vida. Debieron ser una pareja muy salvaje cuando eran jóvenes.

—No exactamente —dijo el viejecito— cuando éramos jóvenes, esa valla no era eléctrica.

Iba un viejecito por el bosque cuando escuchó a sus pies una débil voz. Se agachó y descubrió que quien le hablaba era una ranita.

—Soy una princesa hermosa, erótica y sensual, diestra en todos los placeres de la carne y el amor. La reina mala, envidiosa de mis encantos, me convirtió en rana, pero si me das un beso, volveré a ser quien era y te daré todos los goces y deleites que mi voluptuoso temperamento y mi ardiente concupiscencia pueden producir.

El viejo levanta la rana y se la mete en el bolsillo. Esta asoma la cabeza y le pregunta muy desconcertada:

—¿Qué? ¿No me vas a besar?

—A mi edad es más divertido tener una rana que habla, que una maniática sexual.

Una pareja de viejecitos seguían la intervención de un famoso telepredicador:

—¡Queridos hermanos y hermanas! Ahora concentraos y poned una mano sobre la pantalla del televisor unida a la mía y la otra mano en aquella parte de vuestro cuerpo enferma y rezad conmigo. ¡Por su sanación! ¡Yeahhh!

La vieja pone una mano en la pantalla y la otra en el corazón.

El viejo pone una mano sobre la pantalla y la otra en sus partes.

Y dice la vieja:

—¿Qué no has oído bien? Va a sanar nuestras partes enfermas, no a resucitar a los muertos...

VA UNA CIGÜEÑA volando por el cielo con el clásico pañolón colgado del pico, pero en vez de un bebé lleva un abuelo cascarrabias de más de 80 años, intentando darle con el bastón en la cabeza.

—¡¿Quieres reconocer de una puta vez que tes has perdido, maldita cigüeña?!

Va un viejo a la consulta del médico y le dice

—Mire usted señor doctor. Yo cuando voy por el primero voy bien. Cuando voy por el segundo empiezo a fatigarme. En el tercero me dan calambres y escalofríos, y en el cuarto me desplomo.

—Pero usted ¿qué edad tiene? —pregunta el médico asombrado.

—Pues 87 años.

—Y a su edad ¿qué más quiere?

—Pues llegar al quinto, que es donde vivo.

Un viejecito está llorando desconsoladamente en un banco del parque, por lo que se le acerca un compasivo transeúnte:

—Oiga, hombre de la tercera edad, ¿por qué llora?

—Porque mi papá me pegó... —responde el anciano llorón.

Intrigado, el otro pregunta: —Oiga, ¿y cuántos años tiene usted?

—¿Yo? 81.

—¿Y su padre?

—Mi padre, 114.

—¡Caramba! ¿Y por qué le pegó?

—Por que le saqué la lengua al abuelito.

Un hombre regresa a su casa de mal humor tras haber jugado una partida de golf.

—¿Qué te pasa Mariano? —le pregunta su esposa.

—¿Que qué me pasa? ¡Que hoy he perdido cinco pelotas!, pues con la vista que tengo no veo donde caen y las pierdo.

—¿Y por qué no te acompaña mi hermano?

—¿Tu hermano?, pero si tiene 85 años.

—Sí, pero tiene muy buena vista —le dice ella.

—De acuerdo, mañana me llevaré a tu hermano al campo de golf y ya veremos que pasa.

Al dia siguiente los dos cuñados se van al club de golf y cuando llegan a la salida del primer hoyo Mariado le dice a su cuñado:

—Luis, sobre todo, fíjate bien dónde cae la pelota, ¿de acuerdo?

—Sí Mariano, ya me fijo.

Mariano agarra un palo y tras un fuerte golpe pregunta:

—¿Qué? ¿has visto dónde ha caído?

—Sí —reponde Luis.

—¿Dónde?

—No me acuerdo...

En un autobús del Inserso, repleto de ancianos, una abuelita se levanta de su asiento, le toca el hombro al chófer y le ofrece un buen puñado de cacahuetes sin cáscara. El chófer sorprendido le da las gracias y se los come con agrado.

Cinco minutos después, la abuelita repite, el chófer vuelve a agradecerle el gesto y se los come.

Al cabo de unos diez puñados, el chófer ya no puede mas y le pregunta:

—Dígame abuelita, es muy gentil de su parte atiborrarme de cacahuetes pelados, ¿pero usted no cree que a lo mejor sus cuarenta amigos y amiguitas querrían también unos pocos?

—No joven. Son Conguitos, y como no tenemos dientes solo les chupamos el chocolate.

UNA VIEJITA VA A LA CÁRCEL Y LE DICE AL VIGILANTE DE LA PUERTA:
—VENGO A HACER UN bis A bis.
El GUARDIA LE DICE:
—¿UsTED ABUELA? ¿A UNA VISITA DE ESA CLASE, PERO CON QUIÉN?
—Ah, PUES CON EL QUE SEA, CON EL QUE SEA.

ADULTERIOS

EL AMOR LO INVENTÓ UN CHICO CON LOS OJOS CERRADOS...

Dos niños presumiendo de sus papás:
—Mi padre es mejor que el tuyo.
—Bueno, pues mi madre es mejor que la tuya.
—Bueno, ahí tienes razón, porque mi padre dice lo mismo…

Esto es un matrimonio que se pelea a la hora del desayuno. El marido se levanta furioso y le dice a su esposa:
—¡Y que sepas que tampoco vales para la cama! —Y se va al trabajo dando un portazo.
Después de un rato, se da cuenta de lo grosero que ha sido y decide intentar arreglar las cosas, así que llama por teléfono a su mujer.
Ella contesta después que suene varias veces.
El marido muy enfadado le pregunta,
—¿Por qué has tardado tanto tiempo contestar el teléfono?
Ella dice:
—Estaba en la cama.
—¡En la cama tan tarde!, ¿haciendo qué?
—Pues… es que me has dejado tan preocupada que estaba buscando una segunda opinión…

Un hombre va por la calle y ve un cartel: «RANAS MAMONAS A 1 EURO». Se queda pensando y se dice:
—Bueno por un euro voy a comprarme una…
Llega a su casa, cena y se queda viendo la tele con su mujer.
A eso de las 12 dice la mujer:
—Bueno me voy a acostar que estoy cansada.
Y él le dice:
—Yo me voy a quedar un poco mas viendo la tele— pensando en probar la rana sin que se entere la mujer.

Sobre las 5 de la mañana se despierta la mujer oye que su marido dice:

—Un kilo de tomates, medio kilo de cebollas, medio kilo de pimientos, después se sofríe todo a fuego lento…

La mujer va a la cocina y ve al marido hablándole a la rana y le pregunta qué esta haciendo y él le responde:

—¡Como esta rana aprenda a cocinar, te vas con tu madre!

Esto es un señor que llega a su casa y le dice a su esposa:

—Mi amor, tengo un grave problema en la oficina.

Y su mujer le responde muy alentadoramente:

—Amor, nunca digas «tengo un problema», dí mejor «tenemos un problema», porque para eso somos una pareja muy unida.

A lo que su marido le contesta:
—Muy bien, entonces te informo que nuestra secretaria va a tener un hijo nuestro.

—¡María!, ¡nos ha tocado la lotería!, ¡haz las maletas que nos vamos de putas!!!!!
—¡¿Manolo, de putas!?
—Sí, yo me voy de putas y tú te vas con ¡tu puta madre!

Un hombre está con su señora en un hotel, se encuentra una lámpara, la frota y aparece un genio que le dice:
—Soy el genio de la lámpara. A cambio de hacer el amor con tu mujer, te concederé dos deseos.
—Pues quiero todo el oro del mundo y una casa en cada ciudad.
Muy bien, deseos concedidos. Cuando empiezan a hacer el amor el genio le pregunta a la mujer:
—¿Cuántos años tiene tu marido?
—Treinta y tres —responde ella.
—¿Y no es un poco mayor para creer en genios?

Una pareja de amantes. Él está casado, pero ella no lo sabe. Están haciendo el amor como locos y ella puesta encima de él moviéndose excitadísima y a punto de alcanzar el orgasmo cuando él le dice:
—Cariño, tengo algo que contarte.
—Lo que quieras, pero no pares que estoy llegando al orgasmo…
—Es que tengo otra —contesta él—
Y dice ella:
—¡¡Pues esa por detrás, métemela por detrás!!

Tres hombres llegan simultáneamente a las puertas del cielo. San Pedro sale y les dice: —Tenemos malas noticias para dos de ustedes; se nos cayó el sistema informático en el área de admisiones y solo puedo dejar entrar a uno de los tres esta semana. Los otros dos tendrán que esperar en el infierno unos días mientras reparamos el fallo, lamentablemente no puedo hacer otra cosa.

San Pedro continuó explicando: —La persona que cuente la mejor historia sobre cómo murió, será la que pueda entrar en el cielo hoy.

Los tres hombres asintieron. San Pedro los hace pasar de uno en uno a su oficina para que los otros no escuchen y puedan mejorar su historia. El primer hombre pasó y empezó a relatar:

—Presentía que mi mujer me estaba engañando, así que esa tarde llegué temprano... Subí los 25 pisos del edificio por la escalera para no hacer ruido con el ascensor..., abrí la puerta de mi apartamento y allí estaba ella, la muy puta, tendida en el suelo y ¡desnuda! Sabía que la había pillado. Corrí por todo el apartamento en busca del amante; arriba, abajo, debajo de la cama, en todos los armarios... ¡NADA! Estaba a punto de pedirle disculpas por ser tan mal pensado y, mientras ella me decía que siempre hacía gimnasia desnuda, oí unos ruidos en la ventana... ¡¡¡SCRATCH, SCRATCH, SCRATCH...!!! Abrí la ventana y allí estaba el hijo de puta, colgando de la cornisa. Agarré mi bate de béisbol y le di duro en la cabeza. Vi cómo se caía, pero tuvo suerte el infeliz y aterrizó en un montón

SE ESTÁ JUGANDO UNA PARTIDA DE CARTAS EN EL CASINO DE LEPE CUANDO UN HOMBRE ENTRA CORRIENDO Y LE GRITA A UNO DE LOS JUGADORES:
—JUAN, CORRE, QUE TU MUJER SE ESTÁ ACOSTANDO CON OTRO.
JUAN SE LEVANTA CORRIENDO Y A LOS DIEZ MINUTOS VUELVE Y DICE:
—¡COÑO!, ME HABÍAS ASUSTADO, ES EL MISMO DE SIEMPRE.

de bolsas de basura. ¡Se estaba moviendo! Desesperado porque se me escapaba, cargué el mueble bar hasta la ventana. Con gran esfuerzo lo puse en la cornisa, pero al empujarlo se me enganchó la camisa, por lo que caí con el mueble bar y encontré mi muerte. ¡Pero estoy feliz porque me cargué al puto cerdo!

San Pedro no podía imaginarse historia más increíble, cuando hizo pasar al segundo hombre.

—Bueno, yo soy un limpiador de ventanas. Estaba haciendo tranquilamente mi trabajo en un piso alto, cuando una de las cuerdas repentinamente se rompió. Me agarré de la plataforma, pero se me fueron resbalando las manos hasta que caí al vacío. Levanté las manos pensando en mi muerte y esperando que Dios me recogiera. Afortunadamente logré agarrarme a una de las cornisas del edificio. ¡¡¡ESTABA SALVADO!!! Estaba dando gracias a Dios e intentando que la gente que estaba dentro del edificio me salvara definitivamente. Empecé a rascar en la ventana para que alguien me ayudara, cuando repentinamente un cabrón la abrió y en lugar de ayudarme ¡¡¡me pegó un tremendo golpe con un bate de béisbol!!! Caí al vacío otra vez, maldiciendo a esa mala persona, cuando mi ángel de la guarda me permitió seguir viviendo, poniendo un montón de bolsas de basura justo bajo mi caída… Cuando conseguí abrir los ojos para agradecer a Dios tanta fortuna, ¡un mueble bar estaba cayendo encima de mí! Y gritaba con terribles alaridos. Comprendí que Dios me quería a su lado. Sin duda era mi destino y así encontré la muerte.

San Pedro estaba estupefacto. Hace pasar al último hombre y le dice: —Hijo, más vale que tengas una muy buena historia, porque las dos anteriores… ¡¡realmente son increíbles!! —Así, el hombre lo miró y comenzó…

—Bien, seré breve, imagínate esto: estoy en pelotas, escondido en un mueble bar…

Un señor llega de la cena de su empresa con una borrachera de campeonato, entra en su casa repasando las cosas para hacer ver que se encuentra bien:
—Esta es la puerta de entrada a mi casa.
—Esta es mi cocina.
—Esta es la habitación de mis niñas.
—Esta es mi habitación.
—Esta es mi lámpara que está en mi mesita, esta es mi mujer, y el que está a su lado, ese, ese, !soy yo!

Luis se despierta en casa con un tremendo dolor de cabeza. Se esfuerza en abrir los ojos, y lo primero que ve es un par de aspirinas y un vaso de agua en la mesita de noche.
Se sienta y ve su ropa toda bien limpia y planchada frente a él.
Luis mira alrededor de la habitación y ve que todo esta en perfecto orden y limpio.
El resto de la casa esta igual, coge las aspirinas y ve una nota sobre la mesa: —Cariño, el desayuno está en la cocina, salí temprano para hacer unas compras. Te quiero.
Así que va a la cocina, y como no, ahí estaba el desayuno y el periódico del día, su hijo también esta en la mesa, desayunando.

Estaban dos hombres en el cielo y uno le pregunta al otro:
—Y tú ¿de qué moriste?
—Congelado, ¿Y tú?
—De risa.
—¿Cómo que de risa?
—Sí, es que pensaba que mi esposa me estaba engañando con otro hombre, entonces un día le dije que iba de viaje dos días, pero cuando me fui, regresé ese mismo día para ver si la atrapaba con el otro hombre. Cuando llegué, busqué por toda la casa y no encontré a ningún hombre. Dándome cuenta del error que había cometido empecé a reír y reír hasta que tuve un espamo de gloti y caí muerto en el acto.

Luis le pregunta: —Hijo, ¿que pasó ayer por la noche?'
Su hijo le contesta:
—Bien, pues volviste después de las 3 de la madrugada, borracho como una cuba, meado, cagado e insultando a todos, rompiste 3 sillas, le pegaste un puñetazo al cuadro de los abuelos, vomitaste en el pasillo y te pusiste un ojo morado cuando te diste un golpe contra la puerta del cuarto de baño...
Confundido, Luis pregunta:
—¿Y cómo es que todo esta tan limpio y ordenado, y el desayuno esperándome en la mesa?
Su hijo le contesta:
—¡Ahhh, eso...! Mamá te arrastró hacia el dormitorio y cuando intentó quitarte los pantalones, tu gritaste: ¡¡¡QUIETAAAAAAAAAAAAA PEDAZO DE PUTA, QUE ESTOY CASADO!!!

Un hombre entra a su casa, sube las escaleras y entra a su cuarto, allí encuentra a su mujer apenas vestida, semitapada con una manta y un tanto exaltada.
El hombre, un poco ingenuo, le dice:
—Amor, ¿estás bien?, ¿tienes un ataque?, amor, ¿qué te pasa?, amor...
En ese momento entra uno de sus hijos, y le dice al hombre:
—Papá, en el armario hay un fantasma.
El señor va a ver, llega hasta el armario y abre la puerta, y dentro encuentra a su mejor amigo, y le dice:
—Oye Juan, mira que llegas a ser gilipollas, mi mujer con un ataque y tú asustándome a los niños.

ALEMANES

BÚRLATE DE ALGUIEN CUANDO SEAS PERFECTO...

Hoy en el trabajo me presentaron a un señor que quería que le fabricáramos una planta desaladora. Por su acento deduje que no era español, así que, después de las presentaciones, me decidí a preguntarle que de dónde era y me dijo que alemán de Alemania...

—¿Pero es que hay alemanes que no sean de Alemania? —le cuestioné yo. A lo que me respondió:

—Creo que sí, pero mi companiero español me dice: «alemán de mierda».

HITLER, EN UN CAMPO DE CONCENTRACIÓN:

—¡PRISIONEROS! TENGO UNA NOTICIA BUENA Y UNA MALA.

—¡LA BUENA! ¡LA BUENA! —GRITÓ LA MULTITUD.

—¡VOY A MANDAR A LA MITAD A INGLATERRA, Y A LA OTRA MITAD A FRANCIA!

—BIEEEENNN, BIEEENNN, FUIIII. ¿Y LA MALA?

—FRITZ, ¡TRAE LA SIERRA!

—Supón que eres el capitán en un barco que se hunde. ¿Cómo puedes conseguir que diferentes ciudadanos de la Unión Europea suban a los botes salvavidas?

—Di a los belgas que hay cerveza en los botes. A los franceses, que todas las mujeres ya han subido a los botes. A los ingleses, que subir a los botes es una vieja tradición naval. Y a los españoles, que está prohibido subir a los botes.

—¿Y a los alemanes?

—Ordénaselo, simplemente.

El ministro de obras públicas alemán invita al español, y le da tanto la vara enseñándole obras y demás que el español acaba hecho polvo, y entonces se van a casa del ministro alemán.

—Oye, que casa tan bien puesta tienes, ¿es toda fruto de tu trabajo?

El alemán le lleva a la ventana, y le dice:

—Mira, ¿ves esos bloques de apartamentos?

—Sí, responde el español.

—Pues un cinco por ciento fue para mí.

Al cabo de un tiempo es el alemán el que va a España, y ocurre lo mismo, el ministro español le enseña tantos proyectos que el otro acaba hecho polvo y se van a casa del español a cenar. Bueno, nada de casa, un palacio; varias piscinas, cubiertas o al aire libre, jardines, campo de golf, tenis, cuadras, helipuerto...

—Oye, qué maravilla de casa, ¿es todo producto de tu trabajo? —dice el alemán.

El español le lleva a la ventana y le dice:

—¿Ves la autopista?

—No.

—Pues el cien por ciento fue para mí.

En Estados Unidos la NASA está preparando un viaje tripulado a Marte, con el inconveniente de que el cohete solo podrá realizar el viaje de ida y, consecuentemente, el astronauta que vaya acabará sus días en el Planeta Rojo.

Se hace una convocatoria mundial y como compensación al sacrificio el presidente estadounidense ofrece una recompensa de un millón de dólares a quien esté dispuesto a sacrificarse. Finalmente y tras varios exámenes y pruebas físicas seleccionan a un alemán, a un inglés y a un italiano.

La selección final la realiza en presidente Obama en persona y llama al alemán en primer lugar y le dice:

—Querido amigo, como usted sabrá, este viaje a Marte es un viaje sin retorno, por lo que estamos dispuestos a pagar un millón de dólares. Además, piense que usted se convertirá en un héroe mundial y su mujer y sus hijos serán unas personas famosas a las que no les faltará absolutamente nada.

—Ya, ya... ya lo sé, señor Obama, pero yo quiero dos millones de dólares.

—¿Cómo que dos millones? —pregunta sorprendido Obama.

—Mire, un millón para mi familia, mi mujer y mis hijos, y otro millón para mi país, Alemania, el país que supo renacer de las cenizas de la guerra.

—Bueno, bueno, tengo que pensarlo y, además, primero he de hablar con los otros candidatos, ya nos volveremos a ver.

Seguidamente llama al inglés y le explica lo mismo que le ha dicho al alemán.

—Muy bien señor presidente, yo estoy dispuesto a sacrificarme, pero quiero tres millones de dólares.

—¿¡Tres millones!? —exclama Obama.

—Si señor, un millón para mi familia y mis hijos, otro millón para mi país, Inglaterra, la gran potencia mundial y otro millón para mi reina, la mejor reina del mundo.

La respuesta de Obama es la misma que la del alemán y aguarda la entrada del italiano.

—Antoñito, Antoñito, ¿cómo se llama el hijo puta alemán ese que me esconde las cosas...?
—pregunta un abuelete a su nieto.
—Alzehimer abuelo, Alzehimer.

—Caro Obama, ¿come va? Amico mio.

Obama, sorprendido por la confianza que se ha tomado el italiano, intenta explicarle en qué consiste el viaje, pero el italiano lo interrumpe.

—Sí, sí, io lo so tutto. Quiero cuatro millones de dólares.

—¿¡Cuatro millones!? —pregunta todavía más sorprendido el presidente.

—Sí, mira, un milione per me, no para mi familia ni para mi país, per me. Altro milione per te, la comisione, e con l'altro due milioni enviamo al alemano.

Durante la Segunda Guerra Mundial un avión inglés es derribado en Alemania, capturan al piloto, que está gravemente herido, y lo llevan a un campo de concentración.

Al día siguiente llega un médico nazi:

—Lamento informarle que, a pesar de nuestros esfuerzos, su pierna derecha no tiene cura, y no hemos podido salvársela.

—Me gustaría que mi pierna fuese devuelta a mi patria. Comprendo que es difícil en este momento, pero ¿sería posible que alguno de sus aviones la dejase caer mientras sobrevuela el sur de Inglaterra?

—No hay ningún problema.

Le amputan la pierna derecha, la meten en un avión que va a bombardear Inglaterra y la dejan caer.

Al día siguiente le tienen que amputar el brazo izquierdo, y se repite la misma historia.

Al día siguiente, el médico vuelve a ver al piloto.

—Lo siento mucho, pero su brazo derecho tiene gangrena y tenemos que amputarlo también.

—¿Y lo mandarán a Inglaterra?

—Me temo que esta vez será imposible.

—¿Por qué?

—Es que el comandante cree que usted está intentando escaparse parte por parte.

El coche de Hitler atropella a un cochino y este envía al chofer a disculparse con el granjero. Al cabo de una hora el chofer regresa completamente borracho y con un jamón bajo el brazo. Hitler le pregunta:

—Oiga, pero... ¿qué le ha dicho?

Y el chofer responde:

—Hips ... solo entré y hips... le dije... Heil Hitler, el cerdo ha muerto.

Un coronel entra en el despacho de Hitler corriendo y dice:

—Mein Führer, Italia ha entrado en la guerra.

Hitler contesta: —Vaya, habrá que enviar diez divisiones para allá urgentemente.

—Pero, Führer, han entrado de nuestro bando.

—Vaya, en este caso mejor enviar veinte divisiones.

OTTO Y FRITZ ESTÁN hablando de un amigo común:

—¿TE HAN CONTADO la desgracia, FRITZ? Udo, al volver a casa, ha encontrado a su mujer con otro. SIN perder tiempo, ha disparado a la mujer, al amante y después se ha suicidado.

—BUENO, OTTO, podría haber sido peor.

—¿PEOR QUE ESO?

—¡PUES claro, OTTO! Un par de horas antes estaba yo con su mujer.

Dos alemanes se encuentran en la puerta de Dachau (campo en el que se internaba a alemanes desafectos al régimen) y uno le dice al otro:

—¿Qué tal ahí dentro?

Y el otro contesta:

—Genial, desayuno en la cama, comidas con postre y mientras jugábamos a las cartas nos servían la merienda. Siempre películas después de cenar.

—Pues qué sorpresa, hablé ayer con Meyer, que también ha salido y tendrías que oír lo que contaba, que no era precisamente lo que tú me cuentas.

—Por eso lo han vuelto a encerrar.

Se encuentran dos amigos, uno español y el otro alemán y el español le pregunta a su amigo:

—Hola Otto ¿qué tal te va con nuestro idioma? ¿aprendes mucho?

—Sí —contesta el alemán— cada día me estudio diez palabras del diccionario y las memorizo aquí en el culo.

En una visita a un psiquiátrico, Hitler es recibido con el brazo en alto.

—¿Y usted?, a ver, ¿por qué no saluda? —le dice a un hombre que no ha levantado el brazo.

—Mein Führer, yo no estoy loco. Soy el enfermero.

Están Fritz y Otto charlando y dice Otto:

—Quiero tanto a mi novia, que el otro día estando con ella en el coche, me dijo: Otto, baja la capota. Y se la bajé en 15 minutos. Entonces Fritz dice:

—¡Pues menuda hazaña, Otto! Cuando estoy con mi novia en el coche ella dice:

—Fritz, baja la capota. Aprieto un botón y en quince segundos se baja.

—Ya, ya, Fritz, pero tu coche es descapotable.

Otto y Fritz eran excelentes amigos. Un día, Otto se va de viaje y deja a su amigo Fritz al cuidado de su gato y de su abuela.

Pasan los días, y Fritz le envía un telegrama informándole:

—Otto, tu gato ha muerto.

Otto, dolorido, le escribe otro telegrama diciéndole:

—Fritz eres un desconsiderado, ¿cómo se te ocurre mandarme una carta diciéndome tan fríamente que mi gato ha muerto? Tienes que ir preparándome, poco a poco, diciéndome, por ejemplo: Otto, tu gato se subió un árbol y se cayó y se rompió una pata; luego otro telegrama diciéndome que está grave y no mejora, y así, en cuatro o cinco telegramas, acabas dándome la fata noticia, ¿de acuerdo?

Transcurridos varios días, Otto recibe un telegrama de Fritz que dice:

—Otto, tu abuelita se subió al tejado...

ANDALUCES

¡OSÚ MI ARMA, QUÉ CALÓ!...

Dos andaluces:
—Oye «quillo», ¿cómo «ze dice uno en inglé»?
—«Uan».
—Anda, como mi primo.

Esto que va un andaluz a Cataluña y le pregunta a un amigo catalán:
—«Quillo», ¿cómo se «dise» «edifisio» en catalán?

En un congreso internacional de policías en Sevilla y están un poli yanki, un poli inglés y un poli andaluz tomándose un finito en una tasca durante un descanso.
El poli de Estados Unidos se abre un poco la camisa y muestra una cicatriz de diez centímetros y dice (con acento):
—New York city.
El poli inglés se remanga el brazo y muestra una cicatriz que da pena y miedo verla y dice (también con acento)
—London city.
Finalmente el poli andaluz se baja un poco los pantalones y mostrando una cicatriz dice:
—Apendi-siti.

Un andaluz y un inglés se van de crucero por el Caribe y en una tormenta tropical el barco se hunde. El andaluz y el inglés se agarran a un trozo de madera en medio del mar. El andaluz grita:
—¡¡¡¡¡Virgen de la Macarena, «eshame» un cable!!!!!!
Se abre el cielo, aparece un cable, y el andaluz sube hasta el cielo.
El inglés extrañado grita:
—¡¡¡¡¡Virrguen of the Macarrena, send me a cable!!!!!
Se abre el cielo, aparece la Virgen, y dice :
—Lo siento, pero no se inglés.

Dos sevillanas que se encuentran en una esquina del barrio de la Cruz y una le dice a la otra:
—«Po, ¿zabe que m'eshao novio?»
—«¿Ah, zi? ¿Y cómo e?»
—«Po» mira, «e otorrinolaringologo».
—«¡Ozu!, ¡vajco como er mio!»

Dos andaluces:
—Oye, pero «mia que e feo tu shaval».
—Va, pero «lo niño despué dan mil vuertas».
—Pues yo creo que «er tuyo no mejora ni gaztando 1.000 duro en er tiovivo».

Dos andaluces trabajando en un pozo. El del fondo le dice al de la superficie:
—«¡Ísame!».
—«¿Qué m'ises?»
—«¡Que m'ises!»
—Ah, perdona, creía que «m'isias argo».

Esto son tres gitanas del barrio de Triana de Sevilla, y en eso que hablaban de sus hijos.

La primera, dice:

-Mi Antonio, mi Antoñín es el mejor, porque el otro día, fue al super, y cogió de «to», cogió detergente, también la cerveza del papa y muchas cosas más. En conclusión que llevamos un mes que te cagas.

La segunda gitana dice:

—Esto no es nada, mi Pepín, se fue a la casa de electrodomésticos y sí que pilló cosas; pilló tres neveras, congeladores, secadoras y un montón de cosas más. Lo bueno de todo esto que pasó por delante del «segurata» y el tipo no se dio ni cuenta, y llevamos un año de reyes.

En esto que la tercera gitana, se empieza a reír i dice:

—Pues, mi Josua...

La segunda interrumpe diciendo: —pero si aun no ha nacido.

—Bueno, os lo cuento —continúa diciendo la tercera— me picaba el «chichi», y con esto, que me lo rasqué y cuando saqué la mano, ¡me había «quitao» los anillos!

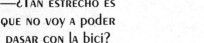

Un andaluz va a hacerse unas pruebas para la tele y tiene un tic nervioso que le hace guiñar un ojo continuamente.

—Pero hombre, ¿cómo quiere que le contratemos así? —le dice el productor de televisión.

-No, si se me pasa con una aspirina, espere, que tengo por aquí una en el bolsillo.

El tío se hurga los bolsillos y empieza a sacar cajas de preservativos de 10, de 15, de 20, y de todas las marcas posibles.

—Parece que a usted le va bien con las mujeres —le comenta entrevistador.

—¡Que va! Si ligo menos que una monja.

—¿Y entonces, para qué quiere todo esto?

Se encuentran dos andaluces en Jerez de la Frontera, y le pregunta uno al otro:

—Pepe, ¿dónde vas con la bicicleta tan de mañana?

—A cruzar el estrecho, chico.

—¿Pero cómo vas a cruzar el estrecho con la bicicleta, hombre de Dios?

—¿Tan estrecho es que no voy a poder pasar con la bici?

—¿Ha probado usted alguna vez a entrar en una farmacia y pedir una caja de aspirinas guiñando un ojo?

Está el Rey dando un discurso en Sevilla y dice:
—Doy por finalizados estos Juegos Olímpicos.
Entonces se le acerca un consejero por detrás y le dice:
—Su Majestad, que esto es un congreso gitano.
—Lo siento, pero con tanto chandal y tanta medalla de oro pensé que eran los Juegos Olímpicos.

Un sevillano que llega al centro de Málaga y se sienta en un bar.
Llama al camarero y le dice: —«Mi arma, ven acapacá»
El camarero se acerca y le dice:
—Aquí en Málaga no se dice «mi arma», así que no me vuelva llamar así. Puede llamarme jefe, camarero, maestro, pero «mi arma»... ¡No!
El sevillano se empieza cabrear y le dice:
—Vale, compadre, no pasa «ná».

Un andaluz entra en una tienda y dice:

—Quiero dos cuerdas de guitarra.

—Perdone señor, pero esto es una droguería —le responde el tendero.

—Ya, pero yo quiero dos cuerdas de guitarra.

—No se si me ha entendido señor, pero esto es una droguería, supongo que tendrá que ir a un comercio especializado —insiste el droguero.

—Sí, si, pero yo quiero dos cuerdas de guitarra.

—Se lo diré claramente para que usted lo entienda: ¡Aquí NO tenemos cuerdas de guitarra!

Ponme una «servessita».

A lo que el camarero le contesta:

—Aquí en Málaga no tenemos «servessitas», te puedo poner una cerveza, una caña, un tanque, un tubo... pero una «servessita»... ¡No!

El sevillano, ya rebotado de cojones, le dice:

—«Joé», pues ponme una caña, compadre. Y de camino tráeme unas «olivitass».

El camarero mira al sevillano con desprecio y meneando la cabeza le dice:

—Aquí en Málaga no tenemos olivitas, te puedo poner unas «asituna» si quieres...

Er sevillano ya aguantándose para no lanzarse a por el camarero le dice:

—Manda «coone» el compadre, pues ponme unas «asseitunas».

El camarero se va y le trae lo que le ha pedido.

A la hora de pagar sevillano llama al camarero y cuando le devuelve el cambio le dice:

—Un segundo, que tengo curiosidad, aquí en Málaga ¿cómo llamáis a los gilipollas?

Y le contesta el camarero:

—¿Los «ilipolla»? Aquí no los llamamos, vienen ellos solitos de Sevilla.

ARGENTINOS

¿SEXO? ¡ENORME!...

—¿Cuál es el mejor negocio que puedes hacer con un argentino?
—Comprarlo por lo que vale y venderlo por lo que dice que vale.

Un argentino hablando con un amigo.
—He salido con esta chica varias veces. Le he regalado los libros, la he llevado al cine, la he invitado a tomar cerveza... ¿Crees que debo besarla?
—No pibe —dice el amigo— ya has hecho bastante por esa chica.

Dos argentinos llegan a Italia y dice uno:
—Che, ¿habrá argentinos acá en Roma?
—Y, no se... mirá en la guía telefónica.
Y el otro lee:
—Baldini, Corranti, Dominici, Ferrutti... ¡Che, Roma está llena de apellidos argentinos!

¿Cuál es la mejor universidad del mundo?
—Aerolíneas Argentinas.
—¿Por qué?
—Porque en Argentina son barrenderos, cajeros de banco o secretarias y cuando llegan al exterior son directores de cine, profesores de literatura o psicoanalistas.

Un argentino se encuentra con otro, que es amigo suyo y le pregunta:
—Che, ¿tenés un encededor?
—Espérate que busco —responde el otro y empieza a buscar en los bolsillos del pantalón, en el de la camisa, los bolsillos de la americana y sigue tocándose mientras le contesta al otro: —Mmm che, parece que no tengo encendedor... ¡¡pero
qué bueno estoy!!

Dos argentinos, en la calle, están por entrar a una fiesta.
—Che, ¿qué te parece si les decimos que somos argentinos?
—No, deja... que se jodan.

Un porteño va a una farmacia de turno:
—Che pibe, ¿me das 40 forros?
El vendedor abre un cajoncito y cuenta: —...33, 34, 35. Lo siento señor, solo me quedan 35.
—¡Ya me arruinaste la noche! Pero bué... démelos igual.

UN ARGENTINO ESTABA
VIENDO BUENOS AIRES
DESDE UN MIRADOR, EN
ESE MOMENTO SE LE
ACERCA UN AMIGO Y LE
PREGUNTA:
—CHE... ¿QUÉ ESTÁS
HACIENDO?
—ESTOY OBSERVANDO
CÓMO SE VE LA CIUDAD
SIN MÍ.

Se muere un argentino, llega al cielo y san Pedro lo manda para el estadio a ver la final celestial. Llega y se sienta en la sección de argentinos. El primer tiempo termina 0 a 0. El segundo tiempo llega y sigue lo mismo. Faltando 3 minutos entra un rubio melenudo y mete tres goles. El argentino recién llegado, asombrado se voltea y le pregunta a su vecino:
—Che, y el melenudo ese... ¡¡¡qué bárbaro!!!, ¿quién es?
El otro argentino le contesta:
—Esteeee... ese es Jesucristo, pero el flaco se cree Maradona, ¿viste?

Un argentino manejaba un taxi en la periferia de Buenos Aires. Se sube una chica muy bien dotada por la naturaleza y le pregunta:
—¿Llega al Metro?
Y el argentino, agrandado le dice:
—Al metro no llegará, pero que vas a gozar, eso te lo aseguro...

Un argentinito le dice a su padre:
—¡Papá, papá!... cuando crezca quiero ser como vos!
El padre todo orgulloso le contesta:
—Y si... no me sorprende... ¿pero por qué exactamente?
—¡¡Para tener un hijo como yo!!

Están hablando un mexicano y un argentino:
—Che... ¡no sabés!. Tengo un cuadro de Jesucristo atrás de mi cama y cuando hago el amor, Jesucristo aplaude.
—Pues mira... yo tengo un cuadro de la cena de los após-toles.
—Che... y no me digas que te aplauden.
—Pues no... me hacen la ola.

—¿Por qué en Argen-tina nunca van a sufrir con los terremotos?
—Porque ni la Tierra los traga.

Un hombre y una mu-jer (argentina) que no se conocían coinciden en el mismo compartimiento de coche-cama de un tren.

A pesar de la obvia incomodidad que provoca la situación, y de las protestas de la mujer ante el inspector del tren, quien le explica que todo el tren va lleno y no hay otro compartimento libre, ambos ocupan su respectiva cama, el hombre la litera de arriba y la mujer, la inferior.

A media noche, el hombre despierta a la mujer y le dice:

—Lamento molestarte, pero tengo un frío tremendo. ¿Podrías alcanzarme una de las mantas que están apiladas al lado de la puerta?

La mujer se asoma sugestiva entre las cortinas de la su cama, y guiñándole un ojo, le dice:

—Tengo una idea mejor... hagamos ver, solo por esta noche, que estamos casados...

El hombre sin poder creer su buena suerte, exclama entusiasmado:

—¡Pero claro...!, mi vida..., ¡claro...!

Entonces.... ¿por qué no bajás a buscártela vos..., pedazo de pelotudo...???!!!

¿Cuáles son los tres monosílabos que jamás pronuncia un argentino?
No lo sé.

Dos amigos, se encuentran por la calle.

—¿Cómo te va compadre?

—Mal huevón, el otro día enterramos a mi padre.

—¡No me digas! ¿Cómo pasó?

—Mira, estábamos en el balcón haciendo una parrilladita y de pronto se acercó demasiado al fuego y......ptaa

—Se quemó vivo, ¿no?

—No, carajo... del susto se echó para atrás y tropezó con la barandilla del balcón....

—Ya, y se cayó por el balcón y se mató, snif! que pena, ¿no?

—No, joder. Resulta que en la caída se pudo agarrar a la cornisa, pero se empezó a resbalar y...

—¡Me cago en la leche!, se pegó un guarrazo contra el suelo, ¿no?

—¡No, ostia! alguien había llamado a los bomberos, que habían puesto una lona debajo, pero tuvo tan mala suerte que rebotó y...

—¡Puta, se golpeó la cabeza y ahí murió!, ¿no?.

El amigo empieza a ponerse nervioso.

—No, en el rebote se pudo agarrar a un cable de alta tensión...

—¡Joooder... se electrocutó...!

—¡No! como estaba haciendo la parrillada, llevaba guantes, pero el cable cedió y se rompió...

—Supongo que se cayó de tan alto y ¿murió?

—No, porque los bomberos habían corrido la lona bajo él, pero aún rebotó, y antes de caer se pudo agarrar a la cornisa de otro piso.

¿Pero me quieres decir cómo mierda murió tu padre?.

Al final un bombero se cabreó y le pegó un tiro.

Un argentino que le ha prometido a su novia un viaje en avioneta como regalo de cumpleaños está negociando con el piloto.

—¿Cuánto me cobra por dar un paseo de una hora?

—2.000 pesos.

—Uf, eso es mucha pasta. ¿Y si solo es media hora?

—Por media hora, 1.000 pesos.

—Joder, mil, ¿no tiene nada mas barato?

—Pues mire, podemos hacer un trato. Si usted se sube a la avioneta y es capaz de estar completamente callado durante todo el vuelo, no le cobro un peso.

—Eso está hecho.

Allá se suben los tres y el piloto empieza a hacer acrobacias, rizos, caídas en picado, el avión boca arriba, boca abajo... y el argentino, mudo.

Por fin se cansa el piloto y aterriza:

—Oiga, me tiene usted asombrado. Mire que hice cosas peligrosas con la avioneta y ¡usted no pronuncio ni una palabra!

—Si quiere que le diga la verdad, estuve a punto de gritar cuando se cayó mi novia...

Están dos gallegos conversando:
—Manolo, un argentino me ha defraudado.
—Ya se ¿te estafó?
—No, me dio un cheque... ¡y tenía fondos!

Dicen que Diego Armando Maradona, se encontraba haciendo el amor con una impresionante modelo estadounidense, cuando, en el clímax, ella exclama:

—¡¡¡Oh my God, oh my God!!!

—Bueno... vos podés llamarme Diego.

AZAFATAS

NO HAY MUJERES TONTAS, SOLO CEREBROS RAROS...

Tras un problema en el avión, cuado llega al aeropuerto un pasajero le dice a la azafata del mostrador y, tras una breve discusión, le dice: —¡Señorita, usted no sabe con quien esta hablando!
La azafata sin mirarle se dirige a su compañera y le dice: —Mira, otro idiota que no sabe ni cómo se llama.

Un pasajero borracho en un avión le dice a la azafata: —Este vino sabe a pene.
A lo que la azafata le contesta: —Imposible señor en esta aerolínea solo servimos vinos de alta calidad, debe ser algo que ha comido antes.

Una azafata un poco cortita pregunta: —¿Alguien puso algo en su equipaje sin que usted lo supiera?
—Si fue sin que yo lo supiera, ¿cómo puedo saberlo?
—¡Por eso mismo se lo pregunto!

Estaban en un vuelo de Portugal a Buenos Aires y el capitán dice por megafonía: —Buenas tardes queridos pasajeros, el viaje durará 6 horas y 20 minutos, solicitamos que no fumen a escondidas, pues tenemos un sistema que nos avisa de todo lo que pasa. Solicitamos por favor que se abrochen los cinturones y muchísimas gracias por prestarme atención.
Una vez que finaliza el discurso, el capitán se olvida de apagar el intercomunicador del avión y, hablándole al copiloto, le dice: —Ahora sí amigo mío, en un ratito

pongo el piloto automático, me voy a cagar al baño y después le voy a echar un polvo fenomenal a la azafata.

Al escuchar todos los pasajeros el comentario, la azafata sale corriendo hacia la cabina para avisarle al capitán que tiene el intercomunicador encendido, cuando de repente por sorpresa una vieja le encaja un bastonazo a la azafata haciéndola caer, la azafata sin entender nada, la mira y la anciana le dice: —¡¡¡QUIEEETA!!! !!!PUTA DESESPERADA¡¡¡ primero déjalo que cague.

Durante el vuelo la azafata se acerca a ver qué le pasa a un tipo que protesta constantemente.

—¡Estoy hasta las narices de esta aerolínea! —refunfuña— ¡Siempre me toca el mismo asiento! No puedo ver ninguna película y, como las ventanillas no tienen persianas, tampoco puedo dormir.

A lo que la azafata le responde:

—Deje de quejarse y aterrice de una vez, capitán.

En un vuelo de España a Montevideo, después de un agradable despegue y cuando el avión había alcanzado la altura de crucero, el capitán decide anunciar por el intercomunicador: —Damas y caballeros de este vuelo, les habla su capitán. Bienvenidos al vuelo 348, directo de

España a Montevideo. Las condiciones del clima son excelentes y por lo tanto esperamos un excelente viaje. Así que Ahora recuéstense y relájense —cuando se oye la exclamación— ¡Ooooh NOOoooooooooooo, por DIOS! —Seguido de un largo e infinito silencio y después de unos cuantos minutos, el capitán vuelve a decir por el intercomunicador— Mmmmm, damas y caballeros, discúlpenme si los he alertado o asustado, pero mientras les informaba sobre el vuelo, una azafata me tiró una taza de café hirviendo en mis piernas, tendrían ver la parte delantera de mis pantalones.

Entonces, un pasajero se levanta y le dice: —¡Eso no es nada, imbécil, usted debería ver la parte de atrás de los míos!

—¿ Cuál es el colmo de una azafata?
—Enamorarse del piloto automático.

Una linda y joven rubia toma un avión a Nueva York con un pasaje en clase turista. Cuando llega al avión, buscando su asiento, se encuentra con los asientos de primera clase. Viendo que estos son mucho más grandes y confortables, decide sentarse en el primer asiento vacío que encuentra.

En eso la azafata comprueba su billete y le dice a la chica que su asiento es de clase turista.

A lo que la rubia le responde: —Soy joven, rubia y bonita, y voy a sentarme aquí hasta llegar a Nueva York.

Frustrada, la azafata se dirige hasta la cabina e informa al capitán del problema con la rubia.

El capitán va a hablar con la rubia y le confirma que su asiento es de clase turista.

La rubia responde: —Soy joven, rubia y bonita, y voy a sentarme aquí hasta llegar a Nueva York.

El capitán no quiere causar problemas al resto de pasajeros de la clase, por lo que se retira a la cabina para comentarle el problema al copiloto.

El copiloto le dice a la azafata y al capitán del avión que su novia es rubia y que puede hacerse cargo del problema, así que va a ver a la rubia y le susurra algo al oído.

Ella inmediatamente se levanta y dice: Muchísimas gracias —abraza al copiloto y se sienta en su asiento correspondiente de turista.

El piloto y la azafata, que estaban observando alucinados la situación, corren a preguntarle al copiloto qué le ha dicho a la chica para convencerla.

El copiloto les dice: —Nada, simplemente la informé de que los asientos de primera clase no van a Nueva York…

—¡Mamá, mamá! —grita una niña desconsolada— en el colegio me llaman azafata.

—¿Quién querida? —responde la madre.

—¡Las de delante, las de los lados y las de atrás!

Macho ibérico haciéndose el gallito con la azafata delante de los amigos.

—Oiga… señorita, por el precio que he pagado por este billete, ¿puedo tocarle el culo?

Ella muy digna y sin inmutarse, coge el billete lo revisa y dice: —Déjeme que lo vea… —empieza a mirar el billete hoja por hoja… des-

pacio y cuando acaba le dice: —Pues mire no, lo siento, pero por este precio tiene derecho a que le dé por culo el comandante.

Le dice un cliente a una azafata, después de una discusión, que le está resultando una persona muy desagradable.
Y le contesta ella: —Sin embargo, a mí usted me parece una bellísima persona, pero podemos estar los dos equivocados.

**Diálogo entre dos madres de azafatas:
—Mi hija se casó con un piloto italiano. ¿Y la suya?
—Con un vestido de seda.**

Cuado se inicia el vuelo de un avión, aparece una azafata en el pasillo para explicar las consabidas normas de aviación civil. Después de informar sobre la localización de las puertas de emergencia y las mascarillas de oxígeno, llega el turno del paracaídas. Para explicarlo con más detalle escoge un pasajero al que le coloca el paracaídas y empieza a darle las instrucciones sobre su funcionamiento: —Como pueden observar, el paracaídas se coloca como si fuese una mochila...
—Se... se... señorita —la interrumpe un tartamudo.
—¡Haga el favor de callarse y esperar a que acabe con las instrucciones! —le dice— como les he comentado, el paracaídas se coloca con una mochila, se abre la puerta del avión...
—Se... se... señorita —la interrumpe nuevamente el tartamudo.
—¡Cállese! Ya me hará las preguntas después —y prosigue— se abre la puerta del avión, se acerca al borde de la

puerta, se salta, se cuenta hasta diez y se tira de esta anilla amarilla.

—Se... se... señorita, po... po... por favor —dice el tartamudo.

—¡Que se calle hombre! —y tomando al voluntario por el brazo, abre la puerta del avión y lo empuja al vacío.

El tartamudo, observando por la ventanilla exclama:

—¡Có... có... cómo va... baja el so... sor... sordo!

En un vuelo comercial trasatlántico viajan dos homosexuales. Cuando empieza a oscurecer, uno le propone al otro:

—Juan, hagamos el amor.

—¡Pero cómo se te puede ocurrir tal cosa! —responde el compañero con voz amanerada— ¡alguien nos puede ver!

—Pero si están todos durmiendo —y al decirlo, se levanta de su asiento, mira para todos los lados y grita: —¿alguien tiene fuego?

Ningún pasajero responde.

—¿Te das cuenta? —le dice— están todos dormidos, nadie ha dicho nada.

—Bueno —responde el otro— hagámoslo.

Y comienzan:

—¡Ahhhhhhh. Ohhhhhhhh, uhhhhhh! —así toda la noche.

Ya de día, una de las azafatas, a ver a un pasajero que se oprime la cara con una

mueca de dolor, se acerca y le pregunta qué le sucede.

—¿Que qué me sucede? —responde el pasajero— que me he pasado toda la noche con un dolor de muelas inaguantable.

—¿Desde anoche? —dice asombrada la azafata— ¿y por qué no me pidio una pastilla para el dolor?

—¿Está loca? —responde indignado el pasajero— ¡Anoche alguien pidió fuego y le han estado dando por el culo hasta la madrugada!

BORRACHOS

UN HOMBRE ENTRA EN UN BAR Y...

Estaba un borracho caminando por la calle, cuando de pronto se encuentra con una monja con su vestido negro. El borracho se le acerca y sin pensarlo dos veces se lía a golpes hasta que tumba a la monja. El borracho le dice:
—¡Vamos Batman, levántate y lucha!

Entra un borracho a una cafetería y dice, celebrando, con voz balbuceante:
—¡Feliz año nuevo!
A lo que una dama le contesta:
—¿Feliz año nuevo? ¿En pleno abril?
Y dice el borracho:
—¿Ya estamos en abril? ¡Ay, mi mujer me va a matar, nunca había llegado tan tarde!

Estaba un borracho en una esquina, cuando una mujer pasa caminando, el borracho la observa y le dice:
—¡Adiós fea!
La mujer indignada se da media vuelta y le dice:
—¡Borracho!
El borracho con una sonrisa le dice:
—Sí, pero a mí, mañana se me pasa.

Érase una vez un borracho que abordó un autobús en el que viajaba mucha gente, y parándose en el pasillo del autobús, se puso a gritar:
—Los de la derecha son unos tarados, los de la izquierda son unos idiotas, los de atrás son unos imbéciles y los de

enfrente son unos estúpidos. Cuando escuchó eso el conductor, freno sorpresivamente, y toda la gente cayó al piso, incluyendo al borracho, y muy enojado el chofer tomó al borracho por el cuello y le preguntó:

—¡Ahora qué, dime, ¿quiénes son unos tarados, unos idiotas, unos imbéciles y unos estúpidos?

Y el borracho contestó:

—Ya no me acuerdo, ¡están todos revueltos!

Se encuentra un borracho llorando frente a un letrero, y pasa un amigo y le pregunta:

—¿Por qué lloras?

El borracho indica el letrero y dice:

—Ya no hay vergüenza en este país, ahí dice «Se vende madre sin sentimiento».

El amigo le dice:

—¡No seas bruto!, ahí lo que dice es «Se vende madera, zinc y cemento».

Iba caminando por la calle un borrachi-to y se encuentra con su compadre, y este al ver que su amigo tenía las ore-jas en carne viva le pregunta:

—Pero, ¿qué te ha pasado compadre?

—Es que a mi esposa se le ocurrió dejar la plancha prendida, y sonó el teléfono y agarré la plancha por equivocación.
—Pero, ¿y la otra?
Y el borrachito le contesta:
—El maldito imbécil volvió a llamar.

Un niño le pregunta a su padre muy interesado.
—Papá, ¿cómo se sabe que una persona está borracha?
—Pues muy fácil hijo, ¿ves esos dos hombres que vienen por ahí? ¡si yo estuviera borracho vería cuatro!
—Papá, ¡si solo viene uno!

Es un borracho que llega tarde en la noche a su propia casa y empieza a gritar:
—Reinita, ábreme la puerta que le traigo flores a la mujer más linda.
La mujer baja corriendo y abre la puerta y dice:
—¿Dónde están las flores?
El borrachito contesta:
—A ver, y dónde está la mujer más linda.

Un par de borrachos caminaban por la acera, cuando pasa junto a ellos una señora gorda muy gorda, y uno de ellos le dice al otro:
—¡Mira, ahí va un tanque!
La señora, que oyó el comentario, le soltó un bolsazo en la boca, y el otro agrega:
—¡Y es de guerra!

Es un acróbata y malabarista ambulante que va de camino a una fiesta de un pueblo en su coche. A la hora de comer decide detenerse en un restaurante de carretera para saciar su sed y su apetito, el hombre, sin darse cuenta se bebe la botella de vino enterita y después pide un carajillo. Después de la opípara comida regresa a su coche para reanudar el viaje. Cuando ha recorrido unos kilómetros se encuentra con la Guardia Civil de tráfico que le hace señales para que se detenga.

—Buenas tardes —dice el guardia— ¿me permite ver su carnet de conducir y la documentación de su vehículo?

—Por supuesto —dice el hombre con un fuerte aliento a vino.

El guardia se de cuenta de ello y le dice: —Creo que debería hacerle la prueba del alcohol.

—Oiga, señor guardia, pero si solo he tomado una copita de vino.

—No se preocupe, si da negativo dejaré que continúe su viaje.

El hombre sopla en el alcoholímetro y este sobrepasa

ampliamente el máximo permitido.

—Lo siento mucho —dice el guardia— pero va tener que dejar aquí su coche hasta que se le pasen los efectos del alcohol.

—Oiga, por favor, es que yo soy malabarista y me

están esperando en la feria de un pueblo cercano y no puedo llegar tarde. Mire, para demostrarle que puedo conducir le voy a hacer una demostración —y el hombre saca del coche una cuantas pelotas, aros y otros artilugios de su profesión y se planta en medio de la carretera y empieza su actuación caminando a pie cojo por la línea amarilla.

Estando el hombre demostrando sus habilidades, pasa un camión por la carretera y el conductor, al ver la escena, le grita al guardia civil: —¡Cabrones! ¡cada vez lo ponéis más difícil!

Un borracho llega a su casa y asustado le dice la esposa, mi amor tenemos que vender la casa porque hay fantasmas.
—Me fui al baño y abrí la puerta y se encendió la luz, cerré la puerta y se apagó sola.
A lo que la mujer contesta: —¡Imbécil otra vez te measte en la nevera!

Estaban dos borrachitos en un bar cuando estaba a punto de cerrar.
—Oye compadre, ¿por qué no vamos a mi casa para seguir bebiendo?
—No, mejor vamos a la mía que es aquí cerquita.
—No compadre, la mía es más cerquita.
—A ver, vamos, a ver cuál es más cerca.
Y se van, llegando a la esquina se detienen y uno le dice al otro:
—Ya llegamos compadre, esta es mi casa.
Y el otro le dice:
—No puede ser compadre, esta es mi casa.
—No te creo, es la mía.
—A ver, tocaremos la puerta así sabremos de quién es.
Tocan la puerta, sale la dueña, y les dice:
—¡Que bonito, que bonito, padre e hijo borrachos!

Era un hombre que cada vez que se emborrachaba se convertía en un buscapleitos. Esa noche entra en un bar y dice:
—¡Todos los que están al lado izquierdo de la barra, son unos ESTÚPIDOS, y los que están al lado derecho son unos IMBÉCILES!
Sale un hombre del lado izquierdo y le dice enfurecido:
—¡Un momentito, que yo no soy ningún estúpido!
El borracho le contesta:
—¡Pues muévete a la derecha, IMBÉCIL!

Va un borracho en moto y choca con una señal de tránsito. Entonces llega la policía y le pregunta:
—¿Señor, no vio la flecha?
El borracho responde:
—¡No! ni al indio que me la tiró.

Estaba un borracho en la cantina y llega otro y le pregunta:
—¿Por qué bebe?
Y le contesta:
—Para verme más bonito.
—¿Bebiendo te ves más bonito?
—Sí, cuando llego a mi casa mi vieja me dice: «¡Que bonito!».

SALE UN HOMBRE DE UN BAR CON UNAS CUANTAS COPAS DE MÁS Y PARA UN TAXI.
—OIGA, SEÑOR TAXISTA, LES DOY 100 EUROS SI ME LLEVA A MI CASA.
—INMEDIATAMENTE SEÑOR, ¿DÓNDE VIVE USTED? —PREGUNTA EL TAXISTA.
—¿USTED SE CREE QUE YO LE IBA A PAGAR 100 EUROS SI SUPIESE DÓNDE VIVO?

Entra un hombre borracho a un bar, se sienta en una mesa y empieza a gritar fuerte:
—¡Camarera, hip, cabbbmmmarera, hip!
—Señor, por favor compórtese, ¿qué desea?
Entonces el hombre saca unos pollitos de los bolsillos, los pone sobre la mesa y dice:
—Tráigame una botella de whisky para mí y para mis sobrinos.
La mujer queda muy asombrada, pero le trae la bebida.
Al rato vuelve a llamar el hombre:
—¡Camarera, una botella de tequila para mí y para mis sobrinos!
Al rato nuevamente:
—¡Camarera, un champagne para mí y para mis sobrinos!
Entonces la mujer se acerca y le dice:
—Escúcheme, usted ha bebido de más, pero no me va a decir que cree que esos pollitos son sus sobrinos.
—Por supuesto que sí, los encontré en la calle y me decían: «tío, tío, tío, tío».

CANÍBALES

YA NADA VOLVERÁ A SER IGUAL ENTRE NOSOTROS...

Un caníbal le dice a
otro:
—¿Te gustó la sopa de
mamá?
—Sí, pero la voy a
extrañar.

Dos exploradores que se encontraban en una supuesta isla desierta, y caminando se encuentran con un letrero que dice: «PELIGRO: CANÍBALES VEGETARIANOS», confundidos los exploradores deciden continuar, en eso se encuentran con un hombre que va todo ensangrentado y les dice:
—¡Corran, corran!
A lo que los exploradores preguntan:
—¿Por qué si son caníbales vegetarianos?
Y el hombre responde:
—¡Sí, son caníbales vegetarianos, se comen la palma de las manos y la planta de los pies!

Iba un excursionista por la selva del amazonas caminando, cuando de pronto se le aparecen una tribu de caníbales, los cuales lo rodean.
—Ahora sí que de esta no me salvo, es mi fin —dice el excursionista.
De pronto se empiezan a abrir las nubes y sale un rayo de luz hacia el excursionista y se oye una voz:
—No, hijo mío, lo que tienes que hacer es luchar con el jefe caníbal, quitarle su lanza y clavársela a su hijo en el pecho.
Entonces el excursionista se lanza sobre el jefe caníbal y logra quitarle la lanza y se la clava al pequeño caníbal ante el asombro de los demás.

Entonces se vuelven a abrir las nubes sale el rayo y dice la misma voz de antes:
—Ahora sí que de esta no te salvas.

Tres misioneros se estrellan en la selva y son capturados por una tribu de caníbales. El jefe caníbal les dice:
—Ustedes tener que pedir algo que yo no poder cumplir y yo dejar vivir, sino comérmelos y utilizar su piel para forrar canoas. A ver tú.
El primero le pide un avión. El gran jefe dice:
—A ver, traigan un avión.
Y miles de caníbales aparecen empujando un avión; por lo que se lo comen y con su piel forran las canoas.
—A ver tú, le dice al segundo.
—Tráeme un tanque.
También se lo trajeron y se lo comieron y con su piel forraron canoas. Entonces, le toca al tercero.
—A mí tráeme un tenedor, pidió el tercero. Más fácil que los anteriores dijo el jefe, traigan un tenedor. Y se lo traen y se lo entregan.
El misionero lo mira y voltea el tenedor contra su cuerpo y comienza darse pinchazos por todo el cuerpo al tiempo que grita:
—¡Que os den! ¡con mi piel no vais a forrar canoas!

UN HOMBRE VA A VISITAR A LA FAMILIA CANÍBAL Y TOCA LA PUERTA, Y SALE UN NENE, Y EL HOMBRE LE PREGUNTA:
—¿ESTÁ TU MAMÁ?
Y EL NENE VA A LA COCINA, METE EL DEDO EN EL CALDERO, Y LO PRUEBA, Y REGRESA DONDE EL HOMBRE Y LE DICE:
—TODAVÍA NO ESTÁ, LE FALTAN 5 MINUTOS.

Un caníbal le dice a otro:
—Oye, Kalamazú, ¿qué tal te cayó mi hermana?
—Le faltaba sal...

Esta era una vez una familia de caníbales que estaban cenando y sale el niño y le dice a la madre:
—¡Mamá, no quiero a mi hermana!
Y la madre le contesta:
—No hay problema hijo mío, pártala a un lado y cómete el arroz.

El hijo canibalito pregunta a su papá:
—¿Papi, qué es eso que va por el cielo?
—A eso, el hombre blanco le llama avión —contesta el papá caníbal.
—¿Y eso se come? —pregunta el canibalito.
—Solamente lo de adentro —contesta el caníbal padre.

Dos amigos se encuentran y uno le pregunta al otro:
—¿Qué tal te fue en tu safari?
El amigo le contesta:
—Pues chico, lo más que cacé fueron aminoguanas.
—¿Cómo?, serán iguanas.
—No chico, aminoguanas.
—¿Y qué clase de animal es ese?
—Uno negro, peludo, pequeño, que cuando yo le apuntaba con el rifle, levantaba las manos y decía: ¡A mí no guana!

Un grupo de caníbales expertos en telefonía y redes fue contratado por una gran empresa de telecomunicaciones.
—¡Ahora forman parte de un gran equipo! —dijo el responsable de recursos humanos durante el acto de bienvenida.
—Disfrutarán de todos los beneficios de la empresa; por ejemplo, podrán ir a la cantina a comer algo. Pero por favor, ¡no se coman a los otros empleados!
Cuatro semanas más tarde, el jefe de los caníbales los llamó:

—Están trabajando muy bien, estoy muy satisfecho, pero uno de nuestros asistentes administrativos ha desaparecido. ¿Alguno sabe qué le ha podido pasar?

Todos los caníbales negaron con la cabeza.

Después que él sale de la oficina, el líder caníbal pregunta a los otros caníbales:

—¿Quién fue el que se comió al asistente?

Una mano entre el grupo se levantó tímidamente.

—¡Tú fuiste! ¡Cuatro semanas comiendo gerentes y nadie ha notado nada, pero no, tú tenías que comerte un asistente administrativo!

Va un caníbal en un avión y la azafata le pregunta:

—¿Quiere que le traiga el menú?

A lo que el caníbal responde:

—No mejor traigame la lista de pasajeros.

—¿Y cómo llama un caníbal a un directorio telefónico?

—Un menú.

Un payaso internacional iba en un avión con cierto retraso para hacer su presentación y, debido a esto, aprovechó para maquillarse en el avión, se puso su peluca de mil colores, sus pantalones de colores y sus zapatos como de medio metro para estar preparado para hacer su presentación en cuanto el avión aterrizara. De pronto el avión empieza a fallar y cae cerca de una tribu de caníbales falleciendo todas las personas que iban en ese vuelo.

Viendo esto los caníbales se acercan, y como estaban muy hambrientos empiezan a comerse a la gente, pero nadie se atrevía a comerse al payaso porque lo vieron muy extraño, hasta que al fin uno de los caníbales decidió comérselo. Al ver los demás esto le preguntaron:

—¿A qué sabe esa cosa extraña?

Y el caníbal contestó:

—No sé, sabe medio chistoso.

¿Qué es un caníbal que se ha comido a su padre y a su madre?
—Huérfano.
¿Y un caníbal que se ha comido a toda su familia?
—Heredero universal.

Una mujer caníbal le dice a otra:
—No sé qué hacer de mi esposo estos días.
La otra la responde:
—¡Que tal una ensalada!

Este es un caníbal que le dice a otro:
—Tío Joder, me comí esta mañana a un tartamudo para desayunar, y me está repitiendo todo el día.

Un caníbal almorzando en la tienda de otro caníbal amigo le dice:
—Después de todo lo que te he contado entiendes por qué me cae tan mal mi suegra.
Entonces le contesta el otro:
—¡Sí!, pero tranquilo, apártala y solo te comes las patatas.

Un grupo de personas es raptado por caníbales. Son rescatados por el ejército, pero solo una persona sobrevive. Al ser rescatada les dice:
—Mis lágrimas corrían al ver como se consumían los Díaz.
Ellos dicen:
—¿Se consumían los días?
—Sí, primero la señora Díaz, después Juan Díaz...
Están cenando una familia de caníbales y el hijo menor le habla a la mamá con la boca llena y ella lo reprende y le dice:
—¿Cuántas veces te he dicho que no hables con la boca llena de gente?

Va un explorador por la selva cuando se ve sorprendido por un grupo de caníbales que lo hacen prisionero. Una vez en el poblado, aparece el jefe de la tribu y le dice:

—¿Qué querer, morir o mobutu?

El pobre hombre, ante tal disyuntiva dice: —prefiero mobutu.

—Muy bien, si tú querer mobutu, tendrás mobutu —exclama el jefe; y a continuación, todos los hombres de la tribu se lo pasan por la piedra hasta que queda completamente destrozado.

Al día siguiente se repite la misma pregunta: —¿morir o mobutu?

Nuevamente escoge mobutu y, nuevamente, todos los hombres de la tribu abusan de él.

Así pasan los días con la misma historia hasta que una mañana, como de costumbre, el jefe le pregunta:

—¿Qué querer, morir o mobutu?

El pobre hombre ya no puede más y dice: —prefiero morir.

—Muy bien, morirás —dice el jefe— pero primero ¡MOBUTU!

—¿Cuál es el colmo de un caníbal?
—¡Ser vegetariano!

78

CATALANES

¡LA PELA ES LA PELA!...

ENTRE dos catalanes:
—¿Sabes por qué la serpiente le dio la manzana a Eva?
—Porque no pudo vendérsela.

—¿Cómo se limpian el culo los catalanes?
—Con medio confetti; el otro medio lo guardan para otro día.

Un catalán se levanta para ir al baño mientras viaja en el autobús.

Mientras se va encerrado envuelto en sus propios aromas el autobús vuelca. Llegan los cuerpos de rescate y sacan heridos de aquí y de allá, con palancas y hachas, de repente, alguien grita:

—¡Yo vi que un hombre entró al baño antes del accidente!

El cuerpo de rescate va y toca la puerta del baño del autobús diciendo:

—¡Abra somos de la Cruz Roja!

Y una voz responde:

—¡Yo ya di! ¡¡¡Antes de subir al autobús ya di!!!

¿Por qué los catalanes no compran neveras?

Porque no se creen que cuando se cierra la puerta de la nevera se apaga la luz de dentro.

Un viejo catalán que tiene una fábrica de butifarras ultramoderna decide que ya es hora de jubilarse y llama a su hijo para instruirle en el funcionamiento de la fábrica.

—Mira noi, este es un sistema muy moderno y muy fácil. Lo único que tienes que hacer es meter el burro por aquí y la butifarra sale por ahí. ¿Comprendes?

El hijo, que no es una lumbrera, responde:

—Claro, padre. Se mete la butifarra por aquí y sale el burro por ahí.

—No hijo, no. Se mete el burro por aquí y sale la butifarra por ahí.

Y el hijo erre que erre:

—La butifarra por aquí, el burro por ahí.

Por fin el padre pierde la paciencia:

—¡No, coño, no! Que yo sepa, ¡la única vez que se metió la butifarra y salió el burro fue con tu madre!

Es un catalán que va al ABC a poner una esquela:

—Buenas, mi mujer ha muerto, y quisiera poner una esquela.

—Muy bien, díganos el texto que quiere poner.

—María ha muerto.

—Bueno, pero oiga, es que en este periódico tenemos por costumbre poner el texto más largo, explicando el motivo de la muerte, o dónde es el funeral, o algo así...

—Yo quiero poner María ha muerto.

—Espere que voy a consultar con el director...

A los diez minutos vuelve con el director, el cual le dice:

—Bueno hemos estado pensando sobre su caso, y bue-

no, por venir de tan lejos, porque ¿es catalán, no?, hemos decidido regalarle tres palabras, o sea que puede usted poner tres palabras más.

—Muy bien, pues ponga: «María ha muerto»... mmmmmmmmmmmmmmmmmmhhh «vendo Opel Corsa».

—¿Cómo duermen los catalanes?
—De canto, para no gastar las sábanas.

Un catalán está en su casa arrancando el papel de las paredes, viene su amigo y le pregunta:
—¿Qué, de remodelaciones?
—¡No, de mudanza!

Un catalán se está muriendo de viejo en la cama. En los últimos momentos de su agonía llama a su hijo y, sacando un reloj de oro y brillantes de debajo de la almohada, le dice:

—Mira. Este reloj lo compró tu tatarabuelo. De él, pasó al bisabuelo. De él, al abuelo. De él, a mi padre y de mi padre a mí. ¿Te gusta el reloj?

—Pues mire, padre. No es el momento, pero sí, me gusta mucho.

—Vale. Te lo vendo.

Está un viejo catalán en el lecho de muerte rodeado de su mujer, hijos, nietos y demás parientes, cuando, en un atisbo de lucidez, pregunta a su esposa:

—María, ¿estás aquí?

—Sí, Josep, estoy aquí contigo.

—¿Y también están todos nuestros hijos?

—Sí, Josep, están todos aquí contigo.

—¿Y nuestros nietos?

—Sí, Josep, también están aquí contigo.

—¿Y la chacha y el jardinero?

—Sí, Josep, también están.

—Entonces ¿por qué coño está la luz del comedor encendida?

Dos amigos catalanes van por la calle y ven venir una mujer impresionante. Uno le dice al otro:

—¡Mira que mujer! ¿No te la llevarías a la cama?

—Oye, ¡que es mi mujer! —responde el otro indignado.

—Bueno, ¡pagando, eh, quise decir pagando!

Van un grupo de catalanes en Tierra Santa y uno de ellos:

—¿Cuánto cuesta la travesía por el lago Tiberíades?

—10 dólares por persona —le responde el guía.

—¡Eso es un abuso! —exclama el catalán

—Pero, oiga, piense que Jesús anduvo por esta agua hace 2.000 años.

—¡No me extraña! ¡no! ¡Con estos precios!

Va un matrimonio catalán paseando por un parque cuando él, de repente, se tira un pedo.

Ella le pregunta: —Vicenç, ¿te has tirado un pedo?

—No mujer, no —responde él, ¿por qué?

—Porque yo lo he escuchado —dice ella.

—Pues mira, tirármelo no, se me debe haber caído, porque tirar, yo no tiro nada.

Esto es un padre de familia catalán que le dice a su hijo Jordi:

—Anda «NEN» bájate a pedirle un martillo al vecino que tenemos que clavar un clavo.

Al cabo de un rato vuelve Jordi y dice:

—Papá, dice que no nos deja el martillo.

—«¿Qué dius?» ¿por qué? —pregunta el padre algo acalorado.

—Dice que se gasta y no nos lo deja —le responde el hijo.

—Anda «fill», hay que ver que poca humanidad existe en esta vecindad, ves al armario y tráeme nuestro martillo.

Un adolescente catalán y otro árabe en una convivencia intercultural:

—En mi país tenemos unos dátiles que embriagan el paladar.

—Pues en el mío tenemos unos «cargols» que te cagas, —contesta el catalán.

—En mi país tenemos la ciudad santa de La Meca.

—Pues en le mío La Sagrada Familia de Gaudí.

Sigue el árabe: —en mi país existen unos magos tan poderosos, que son capaces, diciendo ABRACADABRA, de sacar montañas de oro de sus babuchas.

—Pues en el mío —sigue el catalán— tenemos dos magos: Artur Mas y Duran i Lleida que diciendo «VOLEM UN NOU ESTATUT» (queremos un estatuto nuevo) sacan montañas de dinero del zapatero.

CIEGOS Y COJOS

Si no encuentras tu camino...
HÁZTELO

Entra un ciego en una cocina, coge un rallador de queso, y dice:
—¿Pero quién ha escrito esta tontería?

En un tiroteo entre policías y ladrones, la policía detiene a un ciego. Luego de un rato lo sueltan porque, no tenía nada que ver...

Un ciego está sentado en un banco, tomando el sol en un parque, cuando de repente se le acerca un perro y se le mea encima. Entonces el ciego empieza a acariciarle el lomo, y un tío que pasa por allí le dice:
—Pero oiga, ¿cómo le hace mimos a ese perro?, ¿usted se ha dado cuenta de lo que le ha hecho?
—Si, pero es que para darle la patada primero le tengo que encontrar los huevos.

Se encuentran dos ciegos y uno le dice al otro:
—¿Me prestas 1.000 euros?
Y el otro le responde:
—¿Cuando me lo devuelves?
—Cuando nos volvamos a ver...

Un ciego le pregunta a un cojo:
—¿Qué tal andas colega?
Y el cojo le contesta:
—¡Pues ya ves!

Están una fila de ciegos apoyados en la pared, y en esto
que pasa un camión cargado de bacalao, y dicen todos al
mismo tiempo:
—¡¡¡¡¡GUAPA!!!!!

Vuelo 647 de las líneas aéreas de la ONCE, todo el pasaje está instalado en sus asientos esperando la llegada de
los pilotos para el despegue.
En ese momento, dos hombres con uniforme de piloto
entran en el avión. Llevan gafas negras, uno de ellos suje-

ta por la correa un perro lazarillo y el otro lleva un bastón plegable en la mano.

Entran en la cabina del piloto y cierran la puerta.

Algunos pasajeros se ríen nerviosamente y todos se miran con una expresión entre sorpresa, miedo y escepticismo.

Unos minutos más tarde se encienden los motores y el avión empieza a tomar velocidad en pista; el avión cada vez va más deprisa y parece no despegar nunca.

Los pasajeros miran por las ventanillas y se dan cuenta de que el avión se dirige directamente hacia el lago que se encuentra al final de la pista. El avión va ahora muy rápido sobre la pista, cada vez más cerca del lago.

Varios viajeros empiezan a pensar que nunca despegarán y que el avión va a acabar en el lago. Los gritos de los pasajeros asustados llenan entonces el avión, pero justo en este momento, el avión despega lentamente, sin ningún problema.

Los pasajeros empiezan a recuperar la calma, se ríen sintiéndose estúpidos por haberse asustado tanto. En unos minutos, el incidente está olvidado.

En la cabina, el piloto toca el panel y conecta el piloto automático diciéndole al copiloto:

—Un día de estos, estos hijos de puta van a gritar tan tarde que nos vamos a matar todos…

—¿Cuál es el colmo de un ciego?
—Tener miedo a la oscuridad.

Llega una mamá con su hija ciega y le dice:

—Fui al doctor y me dio esta pomada para que te la ponga en tus ojitos y dice que vas a volver a ver.

—¡Pónmela mami, pónmela ya!

La mamá le pone la pomada mientras le dice:

—Te voy a vendar tus ojitos y después de cuatro horas te voy a quitar los vendajes y tienes que abrir tus ojitos despacito.

Mientras pasan las 4 horas la niña ya desesperada y con la ilusión de ver el color de las flores, la televisión, etc., le dice a su mamá:
—Ya mamita, ya ¡quítamela!
—Si mi amor, como tu digas.
La mamá le quita el vendaje lentamente, la niña abre los ojos y…
—Mamá… snif… snif… no veo nada.
—¡Feliz día de los inocentes, cariño!

Van dos ciegos por la calle y se tropiezan el uno con el otro y se tocan la cara con las manos y dice uno:
—Hombre Manolo.
Y dice el otro:
—¿Qué tal estás Juan? ¡cuánto tiempo sin vernos!
—¡Y lo que nos queda!

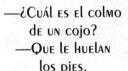

—¿Cuál es el colmo de un cojo?
—Que le huelan los pies.

Esto son tres cojos que han quedado con tres chicas en la playa.
Dice uno: —jo, y ahora cuando nos vean que somos cojos ¿qué dirán?
—Vosotros no os preocupéis, seguidme el juego a mí —dice uno de ellos.
Llegan las chicas, y empieza uno a caminar cojeando y dice: —¡ijo!!, hay que ver que caliente está la arena.
El segundo, caminando detrás de él, dice: —¡ihostias!! cuántos hoyos hay el la arena.
El tercero, que va detrás, dice : —¡itú tranquilo!! espera un momento, que te los tapo.

Va un cojo con un par de amigos de safari por la selva africana cuando, de repente y detrás de unos arbustos, aparece un león enorme. Al verlo, espantados todos aprietan a correr, mientras que el cojo, que se va quedando rezagado, chilla:

—¡No corráis!, ¡no corráis!, que es peor.

Estaban cuatro amigos en una bodega, uno calvo, uno cojo, uno ciego y uno sordo, entonces el sordo comenta:

—Oigo pasos.

Y dice el ciego:

—Pues vamos a ver.

Entonces, dice el calvo:

—Y si nos agarran.

Le contesta el cojo:

—Pues echamos a correr.

Se encuentran dos skinheads y uno de ellos va con un vendaje en la cabeza y con signos evidentes de haber recibido una paliza.

El otro le pregunta: —¡Macho! ¿Qué te ha pasado? ¿Te ha «pillao» una apisonadora?

—¡Nada tío! —dice el otro— que el otro día con la pandilla pillamos a un cojo... y, ¡no veas!

—¡¿Eso te lo ha hecho un cojo?!— responde el otro.

—¡Sí! ¡Es que el muy cabrón se defendía con las muletas!

Anda Jesucristo un tanto aburrido por el Cielo cuando tropieza con san Pedro y le dice:

—Sabes Pedro, hace muchos años que no he vuelto por la Tierra, ¿qué te parece si vamos a hacer algún milagro?

—Maestro, hace muchos años que no haces milagros y es muy posible que no te salgan bien —le responde san Pedro expresando sus dudas.

—¡Que dices!, si esto de los milagros es como andar en bicicleta, cuando has aprendido no se olvida nunca —replica Jesús.

Total, que ni cortos ni perezosos deciden bajar a la Tierra y aterrizan frente a la puerta de la catedral de Sevilla.

Como la gente no los reconoce, plantan una pancarta en la puerta de la catedral que dice: «MAÑANA MILAGRO».

Lo cierto es que la pancarta causa una cierta curiosidad entre los vecinos y al día siguiente la plaza está llena a rebosar, abundando los tullidos y discapacitados entre la multitud.

Jesús, acompañado de san Pedro, se instala en la escalera de la catedral, en la que han colocado un gran biombo y

escogen de entre los numerosos asistentes a un cojo y a un tartamudo y los hacen pasar detrás del biombo.

En esas, Jesús, con una voz fuerte, dice:

—¡Cojo, tira las muletas!

Y se ven aparecer las muletas volando por encima del biombo, mientras ordena:

—¡Tartamudo, habla!

Y se oye una voz que dice:

—¡Se-se-se haaa caído el co-co-cojo!

DE DIOS Y DE LA IGLESIA

DIOS CREÓ AL HOMBRE... Y NO TUVO MÁS REMEDIO QUE DESCANSAR...

UN CURA DICE EN MISA, CON UNA PELOTA EN LA MANO: EN ESTE PUEBLO HAY UN ENDEMONIADO. TIRARE ESTA PELOTA QUE TENGO ENTRE MIS MANOS Y AL QUE LE DE, ESE ES. ...... EL CURA LANZA LA PELOTA Y COMO ES NORMAL TODOS SE APARTAN, Y TRAS REBOTAR CONTRA LA PARED LE DA AL CURA...... !OYE! !QUE DE REBOTE NO VALE!

Jesucristo estaba realizando uno de sus habituales paseos por el cielo, cuando de repente se cruza con un hombre de largas barbas, vestido con una túnica, con un rostro venerable. Y Jesús, mirándolo con una mezcla de emoción y sorpresa, le dice:

—Perdone, buen hombre. Yo a usted le conozco de algo... Usted en la otra vida...

—Yo hace muchos años que ya no estoy en la otra vida. En la tierra era carpintero y tuve un hijo que se hizo muy famoso en toda la humanidad.

Al oír estas palabras, Jesús abraza al venerable anciano y grita:

—¡Padre!, ¡Padre!

A lo que el viejo replica:

—¡Pinocho!

Un cardenal es invitado a una cena entre parientes. En un momento aparece la sobrina de uno de ellos con un vestido con un escote abismal.

El Cardenal le dice: —Te digo querida, que estás mostrando mucho más de lo que le conviene al pudor de una niña.

—Y usted, cardenal, está mirando mucho más de lo que le conviene a un príncipe de la Iglesia...

—Esta noche un hombre ha entrado en la habitación de una monja ha usado un condón y el jardinero lo ha encontrado en el jardín esta mañana.

99 monjas exclamaron: —¡Ooooooooooooooooh!

Una exclamo: —¡Je, je, je!

Continuó la madre superiora: —Sin embargo, el condón en cuestión ha resultado tener un agujero.

99 monjas exclamaron: —¡Je, je, je!

Una exclamo: —¡Ooooooooooooooooh!

En el paraíso se encontraban Adán y Eva. Adán siempre salía a trabajar y llegaba tarde, todos los días era la misma historia.

—Como estoy solo debo hacer todos los trabajos y me toma mucho tiempo —decía Adán.

Eva comenzó a sospechar que andaba merodeando a otra mujer y le dijo: —Estás con otra y lo sé todo.

Adán riéndose a carcajadas le dijo: —Estás loca, tú eres la única mujer en toda la creación, y se fueron a dormir.

A media noche Adán se despertó de golpe al sentir que algo punzante le pinchaba el pecho en varios lugares y vio a Eva sobre él y le preguntó: —¿Qué haces? —y ella le contesta: —Contándote las costillas!

Después de unos días, el Señor llamó a Adán, y dijo:
—Es tiempo que tú y Eva empecéis el proceso de poblar la Tierra, de manera que lo primeros que has de hacer es besar a Eva.
—Sí Señor, ¿pero qué es un beso? —preguntó Adán.
De modo que el Señor le dio una descripción breve a Adán y Adán tomó a Eva entonces de la mano y la llevó detrás de un arbusto cercano. Después de unos minutos Adán surgió, y dijo:
—Señor que agradable era.
Y el Señor contestó:
—Sí, Adán, yo pensé que vosotros disfrutarían, y ahora me gustaría que tú acariciaras a Eva.
—Señor, ¿qué es una caricia?
De modo que el Señor le dio una descripción breve a Adán y Adán fue de nuevo detrás del arbusto con Eva. Varios minutos después, Adán volvió, sonriente, y dijo:
—Señor, fue incluso mejor que el beso.
—Has hecho bien, Adán, y ahora quiero que hagas el amor con Eva.
—Señor, ¿qué es hacer el amor?
Por lo que el Señor le dio instrucciones de nuevo a Adán, y Adán se fue nuevamente con Eva detrás del arbusto. Pero este reapareció en dos segundos y preguntó:
—Señor, ¿qué es un el dolor de cabeza?

> Un viejo está agonizando, ya a punto de morir y dice:
> —Traigan a mi esposa. La traen y el viejo dice: —Traigan a mis hijos, —los traen y el viejo dice: —traigan a mis hermanos, —los traen y el viejo dice: —Ahora si puedo morir como Jesús, rodeado de ladrones.

Se personan altos funcionarios de Coca-Cola ante su Santidad en el Vaticano para hacerle una propuesta:
—Su Santidad, le ofrecemos cinco millones de euros mensuales para que se cambie en el Padre Nuestro la frase «El pan nuestro de cada día...» por «La Coca-Cola nuestra de cada día».
A lo que el Santo Padre responde: —No podemos hacer eso hijo mío.

Tras unos meses vuelven a visitar el Vaticano con otra propuesta: —Su Santidad nuestra empresa le ofrece trescientos millones de euros anuales para cambiar en el Padre Nuestro la frase «El pan nuestro de cada día...» por «La Coca-Cola nuestra de cada día».

A lo que el Santo Padre responde nuevamente: —De ninguna manera podemos hacer eso hijo mío...

Insistentes estos funcionarios, consiguen una nueva cita con el Santo Pontífice, y le presentan la última oferta de su corporación: —Su Santidad nuestra empresa ha decidido ofrecerle a su iglesia la cantidad de mil quinientos millones de euros anuales para que se cambie en el Padre Nuestro la frase «El pan nuestro de cada día...» por «La Coca-Cola nuestra de cada día...».

A lo que el Santo Padre, mirando a su secretario y le pregunta: —¿En qué fecha termina nuestro contrato con los panaderos...?

Una monja va al médico con un ataque de hipo que ya le dura un mes.

—Doctor, tengo un ataque de hipo desde hace un mes que no me deja vivir.

—No duermo, no como, y me duele el cuerpo de tanto movimiento compulsivo involuntario.

—Tiéndase en la camilla, hermana, que la voy a examinar —dice el médico.

La examina y le dice: —Hermana, está usted embarazada.

La monja se levanta y sale co-

rriendo de la consulta con cara de pánico. Una hora después el médico recibe una llamada de la madre superiora del convento:

—¿Doctor, qué le ha dicho usted a la hermana María?

—Verá, madre superiora, como tenía un fuerte ataque de hipo, le di un susto para que se le quitara y supongo que se le habrá quitado, ¿no? —dice el médico.

—Sí, a la hermana María se le ha quitado el hipo, pero el padre Juan se ha tirado del campanario.

Estaban Moisés, Jesús y un viejito jugando golf. Llegan a un hoyo muy difícil porque había un lago en el medio. Empieza Moisés y tira, la pelota viaja y cae exactamente en el lago y se hunde. Entonces Moisés camina hasta el lago y levanta el palo de golf, hace que se abran las aguas del lago, baja hacia donde había quedado la bola y de un golpe la saca del fondo. Luego con otro tiro la mete en el hoyo. ¡La gente le aplaude emocionada!

Después, tira Jesús. La pelota viaja otra vez y va caer en el lago, pero se detiene y queda suspendida sobre el agua. Entonces Jesús camina sobre las aguas y con un golpe preciso manda la pelota hasta el hoyo. ¡La gente lo vitorea emocionada!

Por último, tira el viejito. La pelota va otra vez hacia el lago, y cae en él y se va hasta el fondo. De repente, sale del agua un pez con la pelota en la boca y en ese momento pasa un águila y lo pesca en pleno vuelo.

El águila se aleja en el cielo con el pez en el pico y entonces una nube negra aparece y sale un rayo que cae sobre el ave y la mata. Esta suelta al pez, el pez suelta la pelota... y la pelota cae exactamente en el ¡hoyo! ¡Es la locura en el campo!, ¡¡la gente aplaude enloquecida!! ¡¡¡Todos felicitan al viejito!!!

Jesús se acerca al viejito y le dice: —Caray papá, se te fue la mano ¿no?

Un día Adán estaba caminando y le dijo a Dios que necesitaba compañía, Dios dijo «Yo puedo hacer una mujer para ti, ella cocinará, lavará la ropa, limpiará y te obedecerá en todo lo que le pidas. Pero esto te costará una pierna y un brazo» Adán dijo «¿Qué me das por una costilla?»

Una monja y un cura juegan al golf.

En el primer hoyo la monja realiza un *drive* perfecto sobre el green. El cura hace lo mismo. La monja acierta al hoyo, pero el cura falla y dice:

—La puta que la parió, fallé

—Padre no diga eso o Dios hará que caiga un rayo sobre usted— le dice la monja.

Pero el cura continuó diciéndolo hasta el hoyo número 18 sobre el cual se escucharon truenos en el cielo y un relámpago salió y mató la monja.

Luego el cura escucha a Dios que dice:

—La puta que la parió, fallé.

Llega un mortal al cielo y le pregunta a Dios:

—Dios, ¿cuánto tiempo es para ti mil años?

—Hijo mío, eso es para mí como un segundo.

El hombre se queda pensado y luego le pregunta:

—Y ¿cuánto sería para ti un millón de dólares?

—Eso sería como un centavo.

El hombre pensado todo eso le dice a Dios:

—Dios ¿por qué no me regalas un centavo?

—Sí, en un segundo.

Un día Juan se sintió seguro sobre su vocación y entró al Monasterio del Silencio. El prior del monasterio al darle la bienvenida le dijo:

—Hermano, seas bienvenido y puedes permanecer aquí todo el tiempo que quieras, pero la regla es que no puedes hablar a menos que yo te de permiso.

El hermano Juan vivió en el monasterio durante un año sin decir una palabra, hasta que un día el prior le dijo:

—hermano, ya has vivido un año con nosotros, así que puedes decir dos palabras, recuerda, solamente dos palabras.

—Cama dura —dijo Juan.

—Siento mucho oír eso. Te asignaremos una cama mejor.

Un año después, el hermano Juan fue llamado nuevamente por el prior.

—Puedes decir ahora otras dos palabras, hermano.

—Comida fría, —balbucea el pobre Juan.

—Lamentable situación, pero se arreglara de inmediato.

En su tercer aniversario en el monasterio, el prior volvió a llamar al hermano: —Dos palabras puedes decir hoy hermano Juan.

—¡Yo renuncio!, exclamó Juan.

—Es lo mejor que puedes hacer, —le respondió el prior, —¡porque lo único que has hecho desde que llegaste es quejarte de todo!

Una señorita despierta después de una operación y ve a su lado derecho a un señor vestido de blanco y le pregunta:

—Hola doctor, por lo visto todo salió muy bien en la operación.

Y el médico le responde:

—A ver, antes que nada, yo no soy su médico, soy san Pedro, y segundo, esto no es un hospital, es el cielo.

Llega un campesino a una iglesia para bautizar a su primogénito, y el cura le dice:

—¿Cómo le vas a poner a tu hijo?

—Póngale Yuca Tigre Catorce.

—¡Cómo!, exclama sorprendido el cura, ¿Yuca Tigre Catorce?

—Sí señor cura, exclama el campesino.

—No, hijo mío, eso no puede ser, ese nombre no es cristiano.

—¿Que no es cristiano?, entonces ¿Por qué hay uno que se llama Papa León Trece?

Esto son tres religiosos, un cura, un musulmán, y un rabino que están discutiendo la manera de repartir las limosnas. El cura dice:

—Nosotros tenemos un método que nos resulta muy bien, trazamos un circulo en el suelo, tiramos las monedas al aire, las que caen dentro, se las ofrecemos a Dios, y las otras para la parroquia.

El musulmán explica:

—Ah!, el nuestro, es mejor, trazamos una línea recta en el suelo y tiramos las monedas, las que caen a la derecha se las ofrecemos a Dios, y las otras, para la parroquia.

Ahora el turno al judío:

—El nuestro es el mejor, tiramos las monedas al aire, ¡Las que coge Dios, son para Él, y las otras para la parroquia!

Un judío, con la mejor de las intenciones, había enviado a su hijo al colegio más caro de la colectividad judía, «El Tarbut».

Pese a sus intentos, Samuel no daba pie con bola:

Notas del primer trimestre: Matemáticas 2; Geografía 6; Historia 4; Literatura 2, Conducta 0.

Estas espantosas calificaciones se repetían mes a mes, hasta que el tipo se canso y dijo:

—Samuel, escúchame bien lo que te voy a decir: si el próximo mes tu calificaciones y tu comportamiento no mejoran, te voy a mandar a estudiar a un colegio católico.

Al mes siguiente las notas de Samuel fueron una tragedia y el padre cumpliendo con su palabra y a través de un rabino cercano a su familia, se conectó con un obispo que le recomendó un buen colegio franciscano al cual Samuel fue enviado.

Notas del primer trimestre: Matemáticas 9; Geografía 8; Historia 9, Literatura 10, Conducta 10.

Segundo Trimestre: Matemáticas 10, Geografía 9, Historia 10;Literatura 10, Conducta 10.

Un día el padre le pregunto a Samuel, que era lo que pasaba. porque le iba tan bien en la escuela?.....como ha sucedido este milagro?

—No se papá me presentaron a todos los compañeros y a todos los profesores y luego, una tarde, fuimos al templo. Cuando entre vi a un señor crucificado, con clavos en las manos y en los pies, con cara de haber sufrido mucho y todo ensangrentado. Pregunté quién era el que estaba ahí.

—¿Ese? (me respondió un alumno de los cursos superiores) era un judío igual que tú...

—Entonces me dije: «Ay caramba aquí no se andan con bromitas»

ENANOS

PEQUEÑOS TOQUES HACEN GRANDES RASGOS...

¿EN QUÉ SE diferencia una mula de un enano? En que uno es tozudo y feo, y el otro tiene cuatro patas.

Había una vez un enanito que entra en un bar, saluda a todo el mundo, y se acerca hasta la barra, pero como no alcanza, empieza a saltar diciendo:

—¡UN WHISKY, POR FAVOR!... ¡UN WHISKY, POR FAVOR!

Así varias veces, hasta que se cansa de saltar porque nadie le hace caso, por lo que busca una silla donde subirse para ver por qué nadie lo atiende, se sube para ver al otro lado de la barra y ve a otro enanito diciendo:

—¿CON HIELO O SIN HIELO?... ¿CON HIELO O SIN HIELO?

Va un enano por la calle y le pregunta a un hombre:

—¿Cómo llego al metro?

—¡Pero si usted no llega ni a lo 60!

Era un hombre, tan, pero tan pequeño, que pasó por enfrente de una pastelería, se le hizo agua la boca, y se ahogó.

Era un señor tan enano, tan enano, que cuando se murió en vez de irse al cielo, se fue al techo.

A un tipo lo criticaban por ser tan pequeño y él se excusaba:
—¡No soy pequeño, sino que los zapatos son muy profundos!

Cuatro enanos, amigotes de ir de copas, que se van de farra hasta las tantísimas de la noche, cuando ya han cerrado casi todos los bares del pueblo, con una merluza tremenda como el lomo de un elefante, deciden que, para redondear la fiesta y para acabar, podrían ir al club de alterne más caro de la ciudad... Pero sucede que, a mitad de camino, uno de ellos, que llevaba una cogorza tal que ni se aguanta en pie, se derrumba en pleno coma etílico. Sus amigotes, para no cargar con él y para que no les fastidie la fiesta, deciden llevárselo a casa de vuelta, con su mujer... Esta, acostum-

brada ya a las correrías de su marido, lo recoge y se lo lleva al dormitorio, para desnudarlo y acostarlo en la cama... Claro que en plena faena, el borrachuzo del enano se despierta y, tras forcejear un momento y mirar a la mujer, grita:

—¡HIJOS DE PUTA! ¡Lo sabía! ¡¡Siempre me dejáis a la más fea!!

ERA UN HOMBRE TAN, PERO TAN PEQUEÑO QUE CUANDO SE SENTABA EN EL SUELO, LOS PIES LE QUEDABAN COLGANDO.

Los 7 enanitos estaban enamorados de Blancanieves, y deciden un día espiarla en su habitación antes de bañarse, para ello se suben sobre los hombros (uno sobre otros) para alcanzar la ventana.

El enanito que alcanzaba a mirar por la ventana le comunica al de abajo:

—Blancanieves se está quitando el vestido—.

El de abajo le dice al de mas abajo: —se esta quitando el vestido—, y este al siguiente de abajo: —se esta quitando el vestido—, y así hasta llegar al ultimo enanito.

—Se esta quitando el sostén, —se esta quitando el sostén, —se esta quitando el sostén...— se repetían desde arriba hasta abajo.

—Se sentó..., —se sentó..., —se sentó..., —se sentó...

—Se quitó las bragas..., —se quitó las bragas..., —se quitó las bragas...,—se quitó las bragas...

—Se me ha empinado..., —a mí también..., —a mí también..., —a mí también...

Un enano entra en el baño y se pone a orinar, en eso llega un hombre gigante y se la saca, cuando el enano ve aquella salvajada le pregunta:

—Oiga ¿usted vino a orinar o a darle agua a la bestia?

Dos enanos en Acapulco salen en su noche de ligue y se encuentran a dos gringas. Se las llevan al hotel, llegando al hotel cada uno se va a su habitación y uno se empieza a desvestir y cuando están en el punto más álgido, no le funciona el aparato mientras escuchaba que el otro estaba 1, 2, 3 mmm, 1, 2, 3 mmm, 1, 2, 3 mmm; y él seguía igual, sin trempar, y el otro dale con el 1, 2, 3 mmm, 1, 2, 3 mmm. Total, que se pasa la noche y se encuentran a la mañana los dos enanos y el primero le comenta al otro:

—Imagínate cómo quedé, en toda la noche no se me puso tiesa.

Y el otro le contesta:

—Pues yo no te cuento, tú por lo menos alcanzaste a subirte a la cama.

Era una vez un enanito que va a un bar y todos lo empiezan a molestar por ser enano y él, desafiante, le dice a una rubia tremenda que la podría satisfacer 20 veces al día.

Todos rieron porque no creyeron que el enanito podría con tremenda mujer, entonces la rubia aceptó la apuesta, pero el enano puso como condición que la luz debía estar siempre apagada, a lo que ella aceptó y empezaron a follar. Cuando iban van por polvo número 17 la rubia ya no aguantaba más y encendió la luz y se encontró con un hombre alto encima al que le preguntó por el enano y el hombre le responde: —¿Quién? ¡un enanito chiquitito y gordito?

—Sí, ese —responde ella.

—Es el que está vendiendo las entradas en la puerta.

¿Cuál es el colmo de un enano? Que cuando se saque una foto carné se le vean los pies.

Un enanito fue a la peluquería. El peluquero le pregunta: —¿Se va a cortar las patillas? y el enanito le dice: —Sí hombre y qué quieres ¿que me vaya caminado con los cojoncillos?

En Chicago se hace una convención donde todos los enanos se reúnen para hablar de sus derechos. Un grupo de enanos que va de regreso con unas cervezas de más empiezan a tener ganas de ir al baño. Desesperados, se detienen en un bar de la carretera, pero cuando se disponen a bajar deciden no ir todos a la vez, —vamos de uno en uno, ¿de acuerdo?

Va el primer enano, pero no consigue encontrar el baño, se acerca a un borracho y le pregunta dónde está el retrete.

El borracho lo ve y le dice: —al final a la derecha, la puerta marrón, ¡hic!

Al rato se presenta otro y le repite la pregunta.

—Por ahí a la derechhhha puerta marrón ¡caramba!

Y así sucesivamente hasta que en una de esas el borracho se enfada y exclama —¡quién ha sido el gracioso que desmontado el futbolín!

Entran una pareja de enanos en una droguería y el enano le pregunta al dependiente:

—Buenos días, ¿tienen botellas de jabón?

El dependiente le responde:

—¿Para la vajilla?

—¡No!, para tu puta madre.

Había una vez un enano, tan enano que cuando subía a su cama le daba vértigo.

Era un enano tan enano, que la cabeza le olía a pies.

EXTRATERRESTRES

Mi casa, mi teléfono...

Un platillo volador desciende en un vecindario; tocan a la puerta de la casa de un gangoso:
—¿Quié esg?
—pregunta con su voz nasal.
—Venimos de Marte
—responden los extraterrestres.
¿De marte de quié?
—pregunta a su vez el gangoso.

Se encontraba un matrimonio viendo las noticias en la televisión cuando escucharon un zumbido extraño. El marido se asomó por la ventana y vio descender un ovni. Asombrado, le dice a su mujer: —Mira Juana, un ovni.
Del aparato bajan una pareja de extraterrestres de algo más de un metro de altura y el matrimonio los invita a pasar a su casa.
Después de varios copas y mucha charla deciden experimentar un cambio de parejas, ya que nadie se va a enterar.
Al día siguiente se van los extraterrestres y la pareja los despide, ella feliz y él ojeroso. Tan pronto se han ido, el marido le pregunta a su mujer cómo le fue, y ella, feliz le dice: —Mira, se quitó la ropa y vi una pichita chiquita, más que la tuya, pero empieza a tirarse de las orejas hacia un lado y empezó a hacerse gorda, gorda, luego se tiró de las orejas hacia abajo y empezó a hacerse larga, larga... y no veas qué rico y eterno se me hizo.
El hombre, todo consternado, le dice: —Con razón la marciana se dedicó a tirarme de las orejas toda la noche.

Va un hombre paseando por el campo cuando ve descender un platillo volante, al acercarse al lugar se encuentra con el clásico hombrecillo verde y rápidamente entablan una amigable conversación, ya que el extraterrestre domina perfectamente nuestra lengua. Van pasando las horas en las que ambos se explican cómo son las cosas en sus respectivos planetas y, de vez en cuando, el hombrecillo toca con la punta de su dedo índice el brazo del terrícola a la vez que se escucha un ligero zumbido «bzzz, bzzz». Llega el momento de hablar sobre cómo se reproducen entre ellos. El terrícola, después de haberle explicado con todo lujo de detalles el comportamiento sexual de nuestro planeta, le pregunta:

—Y vosotros ¿cómo os reproducís?

Y el extraterrestre, apoyando su dedo el brazo dice:

—¡Así! ¡bzzz, bzzz!

Va un camionero por la carretera escuchando la radio, cuando se detiene la emisión y se escucha:

—Interrumpimos este programa para darles una noticia muy importante. Se han visto seres extraterrestres sobrevolando esta zona. A continuación les damos sus características: son bajitos, van arrastrando las manos por el suelo, tienen las rodillas pegadas al pecho, tienen los ojos saltones y hablan muy despacio.

El camionero sigue conduciendo hasta que ve algo tras unos matorrales a un lado del camino que coincide con la descripción que acaba de oír, detiene su camión, se baja y empieza a hablar muy lentamente: —Hola, soy camionero y estoy conduciendo mi camión que es aquello que está parado en la carretera.

Entonces el otro le contesta, también muy lentamente: —Hola, yo también soy camionero y estoy cagando tras esto matorrales y mi camión está estacionado después de la curva.

—Papá, papá —dice un niño
—Sí hijo, ¿qué pasa?
—Los extraterrestres ¿son amigos o enemigos?
—¿Por qué lo preguntas?
—Porque se acaban de llevar a la abuela.
—¡Ah!, bueno entonces son amigos.

Ya de la madrugada, en un apartado pueblo, llega un ovni y aterriza junto a una gasolinera. Bajan dos alienígenas con tres ojos, piel verde y cuatro brazos. Uno era el capitán de la expedición, con pistola láser en el cinturón, y el otro, el navegante de la nave.

Se detienen frente a uno de los surtidores de combustible, y el capitán le dice al surtidos:

—Llévame ante el presidente de todas las naciones.

El navegante muy asustado dice: —discúlpenos señor, no le haga caso, ya nos vamos.

—¡Cállate! —exclama el capitán —aquí mando yo. ¡Lléveme ante el presidente supremo! repite.

El navegante, ya bastante nervioso, le dice: —¡Discúlpenos señor, está borracho! ¡Ya nos vamos! —por lo que vuelve a ser reprendido por el capitán.

El capitán, al ver que no hay respuesta del surtidos, saca su pistola láser y golpeando el vidrio le dice: —Esto es un ultimátum, somos una raza superior, así que te exijo que me lleves ante el presidente mundial.

El navegante, al borde de un colapso nervioso, le dice llorando al surtidor de combustible: —¡Señor, perdónelo, ya nos vamos, no se moleste!

—¡Cállate cobarde!, aquí las órdenes las doy yo —le dice el capitán. Y dándose la vuelta para ver el surtidor de combustible le insiste: —Te exijo, por última vez, que me lleves ante el mandatario supremo de este planeta o atente a las consecuencias.

Histérico el navegante, llorando y gimiendo, le pide perdón al aparato. El capitán, sumamente molesto por que lo estaba dejando en ridículo y el surtidor no contestaba, le advierte: —¡Te lo dije!— y ¡¡zzzaaaapppp!!, le dispara al surtidor, y toda la gasolinera explota.

Los extraterrestres salen volando por los aires. Después de golpearse contra el suelo, el capitán le dice al navegante: —A ver, a ver, ¿por qué estabas tan nervioso?

Y el navegante responde: —Lo amenazas diciéndole que somos una especie superior, pero esta raza que acabamos de descubrir, tiene cinco ojos ¡y jamás parpadeó!, además, ¡viste el tamaño del miembro de esta especie!, le dan cuatro vueltas, se lo echan al hombro y todavía se dan el lujo de ponérselo en la oreja, quiere decir que están ¡¡¡muuuuy bieeeeeeeen dotaaaados!!!

Una señora iba conduciendo su coche por la carretera, cuando ve por el espejo retrovisor un ovni. La señora, sin saber qué hacer, se pone tan nerviosa que termina chocando con un árbol y pierde el conocimiento... De pronto despierta y encuentra que un marciano le está masajeando los senos y le dice, muy concentrado:

—Tranquila terrícola, venimos en son de paz, ya te cosimos la herida que tienes entre las piernas, ahora solo quiero bajarle estos chichones...

-¿Porqué tiene E.T. unos ojos tan grandes? -Porque se le pusieron así cuando vio su factura del teléfono.

Marte no solo tiene vida, si no que tiene vida inteligente. Conforman una sociedad muy austera, fuera de todo vicio, placer o medio que no tenga que ver con lo puramente mental. En un momento dado, un conjunto de científicos decide investigar al planeta Tierra, y para ese fin mandan a tres marcianos al planeta con la siguiente misión: «deben mezclarse con los seres humanos y adoptar su idiosincrasia, hablar como ellos, comportarse como ellos para que, una vez pasados 10 años terráqueos retornar a Marte y elaborar un informe sobre la vida inteligente que existe en el planeta Tierra.

Pasados los 10 años, los investigadores marcianos se dan cuenta que han perdido todo contacto con los dos infiltrados y mandan a otro marciano para que investigue que sucedió con ellos.

Pasados un par de días, el marciano vuelve a Marte y expone frente a sus jefes el resultado de la investigación.

—Erash, el líder del grupo marciano que se afincó en Estados Unidos, no ha vuelto porque ha fundado una megacompañía de telecomunicaciones aprovechando la tecnología adelantada que poseía. Y es un multimillonario, goza de múltiples beneficios por los que ha renunciado a su misión.

—Graber, el lugarteniente de la expedición, ha residido durante todo el período, en Inglaterra, y, gracias a su talento excepcional para la investigación ha entrado en la Cientific Research, teniendo a su cargo todo un grupo de talentosísimos humanos, por lo que también ha decidido quedarse en el planeta Tierra.

—Wiun-ra, ha llegado a Japón, y seducido por su cultura ha renunciado a todo lo que conocía para dedicarse a investigar la cultura oriental, por lo que tampoco piensa volver.

El jefe de los marcianos, se queda en silencio unos instantes y luego, felicita a Rdar, por no haber sucumbido a la tentación de quedarse en el planeta Tierra con todas las maravillosas oportunidades que ofrece.

Rdar, turbado, le explica que el también piensa radicarse en el planeta Tierra.

Molesto, el superior le pregunta por qué ha regresado entonces.

Y Rdar le contesta: —Muy simple, yo me voy a establecer en Argentina, usted sabe de mi apasionamiento por las paradojas y las contradicciones, por lo que parece y no es, por lo que es, y parece otra cosa.

—Sí que lo sé. Por eso es que fue seleccionado como investigador. Lo que no entiendo es qué tiene que ver eso —le dice el jefe cada vez más molesto.

—Y sabe también que no hay nada que me guste más que el discurso y el metadiscurso, la capacidad persuasiva, la retórica...

—Sí, también lo sé. Yo mismo se lo he reconocido un montón de veces..., pero sigo sin entenderlo.

—Es que no pude dejar de fascinarme como funciona eso en Argentina..., son capaces de persuadirse que todo lo que está al revés está al derecho y por eso he decidido radicarme allí, para investigar e instruirme sobre ese arte tan argentino.

—¡¡¿¿Y entonces, para qué volvió??!!

—¡¡¡Vine para comprobar que el marciano soy yo!!!

Eso que llegan tres marcianos a la tierra, y nada mas aterrizar salen de la nave y se encuentran un tricornio de la Guardia Civil.

Ellos se preguntan que será ese extraño objeto.

El primero de ellos, después de innumerables vueltas, dice:

—Seguro que es un avanzado acelerador de neutrones.

El segundo, se lo quita de las manos diciéndole:

—Pero mira que eres burro, no ves que los terrícolas no están tan avanzados. Seguro que es una especie de batidora.

El tercero, no conforme, les dice:

—Dejádmelo a mí, que me parece que no tenéis ni idea de lo que los terrícolas son capaces.

Empieza de nuevo a darle vueltas y, ¡voilá!, se lo pone en la cabeza. Los otros dos le preguntan:

—¿Qué es, pasa algo, dinos qué te pasa?

El que tenía el tricornio puesto en la cabeza les interrumpe y les dice:

—No se lo que será esto, pero me están entrando unas ganas de pegaros una mano hostias...

FEOS Y FEAS

LAS APARIENCIAS NO ENGAÑAN...

—Era tan feo que cuando nací, el doctor me dio la cachetada en la cara.

El doctor fue a la sala de espera y le dijo a mi padre —Hicimos lo que pudimos... pero nació vivo.

Mi padre llevaba en su billetera la foto del niño que venía cuando la compró.

Pronto me di cuenta que mis padres me odiaban, pues mis juguetes para la bañera eran un radio y un tostador eléctrico.

Era tan feo que cuando jugaba al escondite nadie me buscaba.

Una vez me perdí. Le pregunte al policía si creía que íbamos a encontrar a mis padres.

Me contestó: —No lo sé; hay un montón de lugares donde se pueden haber escondido.

—Mi mamá no sabía si quedarse conmigo o con la placenta.

Era un padre que tenía un hijo mas feo que Picio, el hermano Calatrava y yo juntos. Un día el nene se empeña en ir al zoo y tras mil ruegos el padre accede. Cuando pasan cerca de la jaula del gorila, este llama al niño:

—Pssssst

El niño se acerca y el gorila le dice en voz baja:

—Oye, te doy mil pelas si me das las señas del abogado que te saco de aquí.

—Era tan feo, que cuando nací no lloré yo illoró el doctor, mi papá y mi mamá!

Yo siempre fui muy peludo. A mi madre siempre le preguntaban: —Señora, a su hijo ¿lo parió o lo tejió?
Era tan feo que me exhibían en una feria por teléfono.
Y para colmo era muy flaco, tan flaco que un día metí los dedos en el enchufe y la electricidad erró la descarga.
Era realmente flaco, para hacer sombra tenía que pasar dos veces por el mismo lugar.
Tan flaco que el único trabajo que me ofrecían era para limpiar mangueras... ...por dentro.
Pero mi problema no era ser tan flaco sino ser FEO.
Mis padres tenían que atarme un trozo de carne al cuello para que el perro jugara conmigo.
Sí, amigos, yo soy FEO, tan FEO que una vez me atropelló un auto y quedé mejor.
Soy tan feo que un día tiré un boomerang y este no regresó nunca más.
Cuando me secuestraron, los secuestradores mandaron un dedo mío a mis padres para pedir recompensa.
Mi madre les contestó que quería más pruebas.
Tuve que trabajar desde chico.
Trabajé en una veterinaria y la gente no paraba de preguntar cuánto costaba yo.

Un día llamó una chica a mi casa diciéndome: —Ven a mi casa que no hay nadie—. Cuando llegué no había nadie.

Una vez cuando me iba a suicidar tirándome desde la terraza de un edificio de 50 pisos, mandaron a un cura a darme unas palabras de aliento. Solo dijo: —En sus marcas, listos...

—Mi mamá no sabía si quedarse conmigo o con la placenta.

Uno tan feo, tan feo, que cuando nació el médico dijo: —Si no llora es un tumor

—Uno tan feo, tan feo, que se presentó a un concurso de feos y le dijeron que no aceptaban profesionales.

—Mi madre nunca me dio pecho, me daba la espalda.

El último deseo de mi padre antes de morir era que me sentara en sus piernas. Lo habían condenado a la silla eléctrica...

Un niño muy feo le dice a su padre:
—Papá, papá, llévame al circo.
Y le responde el padre:
-No, el que quiera verte que venga a casa.

Esto es una mujer muy fea cuyo marido siempre se está metiendo con ella, que a estas alturas tiene ya un complejo bastante serio. Pero un día se decide a salir a la calle; es mas, quiere ir a la procesión de Semana Santa.

—Oye, que me voy a ver la procesión.

—Tú ¿con lo fea que eres ?, ¡pero si va a haber un montón de gente!

—No me importa que me vean, tengo derecho a ir.

—No, si es que eres tan fea que los vas a asustar a todos.

Total, que la mujer se va, y al volver le dice al marido toda contenta: —¡Oye, oye, me han confundido con la virgen!

—¿A ti? ¿con lo fea que eres? ¡eso es imposible!

—¡Que sí, que sí!, que uno de los que llevaban el paso me ha dicho al verme —¡¡¡La madre de Dios!!!

—Uno tan feo, tan feo, que cuando mandó su foto por e mail la detectó el antivirus

Uno tan feo, tan feo, que cuando nació y le metieron en la incubadora, le oscurecieron los cristales

—Uno tan feo, tan feo, que cuando en Carnaval fue a comprarse una careta solo le vendieron la goma.

Es una madre con una hija que es casi tan fea como tú, o sea no se, diría que más incluso (oye, no te lo tomes en serio que tampoco eres tan feo ¿no?). Y esto que están en un tren en su compartimento y entra un hombre y al abrir la puerta exclama: —Dios mío ¡que espanto!— mientras mira a la hija y sale de allí corriendo.

Al rato, entra una mujer y de nuevo al ver aquello sale despavorida santiguándose de manera frenética y murmurando cosas raras.

Después llega un paleto, abre la puerta, observa el panorama y tranquilamente se sienta al lado de las dos mujeres.

En esto la madre empieza a decir: —Ves hija que alegría que la gente no sea maleducada—, y no para de repetirlo una y otra vez.

El paleto, mientras tanto, saca un melón y lo empieza a devorar. Cuando termina se queda mirando por todo el compartimento hasta que dice:

—Oiga señora, ¿la bestia come mondas?

—Una tan fea, tan fea, que en vez de menstruación tenía monstruación.

—Una tan fea, tan fea, que escogió de profesión prostituta y murió virgen.

—Claro que te pongo la crema para el sol, ¡¡¡¡¡pero antes aféitate la espalda!!!!!

Una señora muy, muy fea va al médico con su hija que es
guapísima. Entran en la consulta del doctor y le dice el
doctor a la niña:
—A ver, guapa, desnúdate.
—No, doctor. Es mi madre la que pasa a consulta —le
dice la niña.
—¡Ah! Esto... señora, ¡saque la lengua!

—A Dios se le prende una vela... y a ti una espiral,...
¡¡¡¡¡bicho!!!!!

—Con esa cara, seguro que tu madre se emborrachaba
antes de darte la teta.

—Los pelos del
sobaco te aso-
man por la man-
ga de una forma
muy elegante.

—Qué mona eres, ¿te escapaste del zoológico o te echaron los monos de la jaula por fea?

—Se te nota muy sana, tienes las garrapatas del tamaño de murciélagos.

Una gordita está en el baño de una discoteca, pintándose frente al espejo… De pronto entra una hermosa pelirroja: ojos azules *made in Norway*, esbelta, estrecha cintura; viste ajustados pantalones de cuero, se mira al espejo y dice antes de salir:

—¡…Gracias *Diet Coke*..!

La gordita queda paralizada, lápiz labial sin llegar a los labios… Unos minutos después entra una hermosa morena, doblemente espectacular, mucho más escultural que la chica anterior; lleva un estrecho vestido, se mira al espejo de arriba a abajo y dice antes de marchar:

—¡…Gracias *Ultra Slim Fast*…!

La gordita está atónita con el tubo de rimmel a medio abrir. Al poco rato entra una hermosa rubia, todavía más bella que las dos anteriores: cuerpo de parar el tráfico, piel suave y tersa, largas y bien torneadas piernas; la muñeca *(made in Sweden)* se mira al espejo, observa el bien formado trasero bajo el estrecho pantalón de seda y murmura:

—¡…Gracias *Special K*…!

Haciendo un gran esfuerzo, la gordita termina de pintarse. Al dar una mirada final al espejo, exclama:

—¡…EL COÑO DE TU MADRE *Galletas* OREO…!

FRANCESES

Les Enfants de la Patrie...

—¿Por qué los
franceses comen
caracoles?
—Porque no les gusta
la comida rápida.

Estaba Dios con sus arcángeles creando el mundo, cuando le toca el turno de crear Francia, Dios dice:
—Le daremos las tierras más fértiles, que llamaremos el valle del Loira, y también al oeste, las mejores tierras para que crezcan las mejores uvas, que darán los mejores vinos, que llamaremos Burdeos. También le pondremos una hermosa cordillera, que llamaremos los Alpes, con nieves eternas, y le daremos inmensas playas, bosques llenos de vida y setas, variedad de climas y fauna y bla, bla, bla...
En eso uno de los arcángeles interrumpe y dice:
—Pero Dios, ¿tanta belleza y tanta fertilidad le daremos a ese país? ¿No es demasiado?
—Sí, ¡pero después ya verás que gente ponemos!

Un francés está caminando por los Campos Elíseos cuando oye a un par de extranjeros hablando francés con un acento tan horrible y con tales errores gramaticales, que no puede evitar el acercarse y decirles:
—Oigan, de dónde son ustedes para cometer semejante atrocidad con mi idioma.
—Los dos somos de Finlandia —responden.
—Y entonces, ¿por qué no hablan en su idioma natal?
—Es que es mucho mas difícil que el francés.

Esto son un español, un francés, una rubia que está buenísima y una gorda que van en un tren. Al atravesar un túnel y en medio de la oscuridad se oye el sonido de un beso y de una tremenda ostia.

Al salir del túnel se ve al francés con los cinco dedos de una mano marcados en la cara enrojecida.

La gorda piensa: —el español le ha dado un beso a la rubia y esta le ha dado una ostia al francés.

La rubia piensa: —el español le ha dado un beso a la gorda pensando que era yo y la gorda de ha dado una ostia al francés.

El francés piensa: —el español le ha dado un beso a la rubia y ella se ha pensado que era yo y me ha dado la ostia a mí.

Y el español piensa: —a ver cuando llegue otro túnel para darme un beso en la mano y pegarle otra ostia al francés.

Napoleón resucita y se entrevista con los lideres mundiales.

—Bush, si yo hubiese tenido tu poderío militar, jamás habría perdido en Waterloo.

—Gorbachov, si yo hubiese tenido tu prudencia, jamás habría luchado en Waterloo.

—Castro, si yo hubiese tenido tu

aparato de prensa, jamás nadie se habría enterado de que fui derrotado en Waterloo.

—¿Saben dónde esconde un francés el dinero?
—¡Pues debajo del jabón o del desodorante!

Un español está tranquilamente tomando su desayuno, cuando un francés mascando chicle, se sienta a su lado. El español ignora al gabacho, y el francés no muy contento con eso, trata de darle conversación preguntando:
—Pardonner, ¿ustedes se comen todo el pan?
—Por supuesto —contesta el español.
—Nosotros no, solo comemos la migaja de adentro del pan y la parte de afuera la ponemos en un «conteneur», la reciclamos, la transformamos en harina y la exportamos a España.
El español escucha en silencio, imperturbable. El francés sigue mascando chicle e insiste:
—¿Ustedes se comen la mermelada con el pan?
—Por supuesto —contesta el español.
—Nosotros no. Nosotros en el desayuno comemos fruta fresca, la cáscara y las semillas las ponemos en otro «conteneur», las reciclamos, la transformamos en mermelada y la exportamos a España.
El Español, ya un poco alterado, le pregunta:
—Y ustedes, ¿qué hacen con los condones después de usarlos?
—Los tiramos a la basura, «evidenment» —responde el gabacho.
—Nosotros no, después de usarlos los ponemos en un contenedor, los reciclamos, los transformamos en chicles y los exportamos a Francia.

Un francés llega a un hotel y le pregunta al administrador, que es un chino recién llegado de Pekín, si tenía un cuarto para pasar la noche.

El chino le responde que solo dispone de un cuarto en el décimo piso, pero que es donde duerme su hija y se lo ofrece, no sin antes advertirle que, sabiendo que es francés y lo aficionados que son los franceses al «amour», si le pasa algo a su hija, le aplicará los tres castigos chinos. El francés le asegura que no va a pasar nada y acepta el cuarto.

De noche, la tentación tan grande para el francés, que decide probar suerte con la chinita y se pasa la noche con ella...

A la mañana siguiente amanece con una roca inmensa encima de su cuerpo y encuentra volando un papel que dice: «Primer castigo chino: roca encima de cuerpo».

El tipo se levanta, carga la roca y la tira por la ventana (recuerden que estaba en el décimo piso), pero de pronto encuentra volando otro papelito que dice: «Segundo castigo chino: roca amarrada a huevo derecho».

El tipo no lo piensa dos veces y se tira por la ventana. Cuando anda a la altura del quinto piso lee en otro papel: «Tercer castigo chino: huevo izquierdo amarrado a pata de cama».

Están un inglés, un francés y un español conversando:

—Cuando acabo de hacerle el amor a mi esposa, la cubro de pies a cabeza con chocolate y se pone loca —dice el inglés.

—Pues yo, cuando acabo de hacerle el amor a mi esposa, la cubro de pies a cabeza con champagne, y se pone loca —replica el francés.

Y el español dice: —Anda que yo, cuando acabo de hacerle el amor a mi esposa, me limpio la polla con las cortinas y mi esposa se pone loca.

¿Por qué los tanques franceses tienen retrovisor?
Para ver a los alemanes mientras huyen.

-¿Cuántas marchas tiene un tanque francés?
Seis. Una hacia delante y cinco hacia atrás.

-¿Cuántos franceses hacen falta para defender París?
No se sabe, nunca lo han intentado

Esto es un español, un alemán y un francés que están en una terraza tomando un café y de repente dice el francés:

—Mira, ese de la mesa de al lado es Jesucristo.

Anda ya, cómo va a ser ese Jesucristo —replica el español.

Se levanta el francés y va para le mesa de Jesucristo y le pregunta: —¿Tú eres Jesucristo, verdad?

Y Jesús le responde: —Sí, pero no se lo digas a nadie.

El francés extasiado le comenta: —¿Por qué no me tocas la rodilla y me la curas que la tengo fastidiada desde hace años?

Y Jesús le toca la rodilla y lo cura.

El francés, rápidamente, se va a su mesa a contarles al alemán y al español lo que ha pasado.

Se levanta rápido el alemán y le dice a Jesús: —Por favor, cúrame la espalda.

Y Jesús se la toca y se la cura al instante.

Total que el alemán regresa encantado a su mesa.

Jesús, contemplándolos, piensa: —Ya verás lo que tarda en venir ahora el español.

Y nada, el español que no iba y que no iba y que no iba.

Finalmente, se levanta Jesús y se dirige hacia la mesa de los tres y le pone la mano en el hombro al español para preguntarle por qué no había ido a pedirle algo y dice el español: —¡cheeeeee, sin tocar!

Anda un francés de viaje por Bélgica y se encuentra una cuadrilla de peones de carretera intentando poner en pie un poste de teléfonos por lo que detiene su coche para observarlos.

Cuando lo consiguen, uno de ellos se encarama por el poste con una cinta métrica, pero cuando está llegando al extremo superior, sus compañeros no pueden aguantar el poste y cae al suelo. Repiten la misma operación varias veces y siempre obtienen el mismo resultado, acaba por los suelos el operario que se encarama.

El francés, que ha estado observando la operación, se baja de su coche y se acerca a los belgas y les pregunta.

—¿Se puede saber que están intentando hacer?

—Queremos saber cuánto mide el poste —responde el que parece ser el jefe.

—¡Ah! ¿y por qué no lo miden tumbado en el suelo? —pregunta nuevamente el francés.

—Por que queremos saber cuánto mide de alto y no de largo...

Esto son dos belgas que están cavando una zanja mientras un francés está fuera del agujero dándoles órdenes. Uno de los belgas, escasamente más inteligente que su compañero, le pregunta:

—Oye, ¿por que el francés está arriba y nosotros aquí trabajando?

—Pues no lo se... ¿por qué no se lo preguntas a el? —responde el otro.

Así que el primero sale de la zanja y le pregunta al francés:

—Oiga, ¿por qué nosotros estamos trabajando mientras que usted tan solo nos da órdenes?

—Bueno, eso es porque yo tengo cerebro, que es algo de lo que tú no sabes nada, y por eso yo soy un capataz y tú eres un peón —responde el francés.

—¿Y qué son los sesos? —pregunta nuevamente el belga.

—Mira, te lo mostraré —dice el francés.

El francés pone su mano extendida sobre el tronco de un árbol que está a su lado y le dice al belga:

—Intenta pegarme un puñetazo en la mano.

El belga se queda extrañado, pero cuando intenta pegarle un puñetazo en la mano al francés, este retira la mano rápidamente y el belga le pega la hostia al árbol.

—Ves, eso es tener cerebro. Ahora vuelve al trabajo —le manda el francés.

Así que el belga coge su pala y se vuelve a meter en la zanja, donde lo primero que hace es empezar a gritarle a su compañero y decirle que cave más rápido por el otro lado.

—Pero bueno, ¿por qué narices te crees que puedes darme órdenes? —replica el compañero.

—Porque tengo sesos, que es una cosa de la que tu no sabes nada —responde.

—¿Y qué son los sesos? —pregunta nuevamente.

—Mira, te lo explicaré con un ejemplo —le dice.

Entonces el belga abusón se pone una mano extendida sobre la cara y le dice al otro: —¡Intenta pegarme un puñetazo en la mano!

GALLEGOS

¡ANDA CARALLO, PERO SI DA LO MISMO!...

—Oye, Manolo... dime
¿cuántos grados marca
el termómetro?
—Cero grados.
—Que bueno,
hombre... ni frío,
ni calor.

Va un gallego caminando por el puerto de Vigo cuando ve venir a un amigo y le dice: —Buenos días Manolo, ¿cómo te va?
—Good morning —responde su amigo.
Contrariado ante la respuesta le dice: —¡Oye!, ¡que te he dicho buenos días!
—Good morning —responde nuevamente el amigo.
—Pero ¿qué «carallo» me dices? —pregunta malhumorado.
—Mira Juan, es que estoy aprendiendo inglés, y «buenos días» en inglés se dice «good morning».
—Anda, ¿y eso del inglés dónde se aprende? —pregunta Juan.
—Cada día hacen un programa especial en la «Onda pesquera» de la radio —le dice.
—¡Ah!, pues luego lo pruebo.
Pasan los días y nuevamente Juan ve venir a su amigo Manolo por el muelle y antes de que Juan diga nada, Manolo se adelanta y lo saluda: —Good morning Juan.
—¡Chiiiiiiiiwiiiiiiiiiugggggggggg! —responde orgulloso Juan.

¿Por qué a los gallegos no les gusta subirse a la planta superior de los autobuses de dos pisos?
Porque el piso superior no tiene chófer.

Va un gallego sentado en un tren de aquellos de compartimentos cuando se para en una estación y sube una señora acalorada y se sienta junto a él.

—Perdón caballero —le dice con educación al gallego— ¿le importaría subir el cristal de la ventana porque hace mucho calor?

—Da «lu mismu» —responde con indiferencia al tiempo que le da vueltas a la manivela de la ventana.

Pasa un rato y la señora, ya recuperada del sofoco, se dirige nuevamente a su compañero de viaje.

—¿Le importaría cerrar un poco la ventana, pues ahora tengo un poco de frío?

—Da «lu mismu» —responde nuevamente con la misma con indiferencia dándole vueltas a la manivela de la ventana.

En el transcurso de viaje la señora solicita que abra y cierre la ventana en varias ocasiones y la respuesta del hombre siempre es la misma, hasta que, algo contrariada le pregunta.

—Oiga ¿por qué cada vez que le pido que abra o cierre la ventana usted me responde que da lo mismo?

—¡Anda carayo! ¡pues da «lu mismu» porque no hay cristal!

¿Cómo reconoces a un gallego en un aula de un colegio?
Porque es el único que cuando el maestro borra la pizarra, el borra su cuaderno.

Suena el teléfono en la casa de Manolo.
—Oye, Manolo te llamo por la cortadora de césped.
—Caramba Pepe, que bien se escucha.

¿Por qué los gallegos ponen escaleras a la orilla del mar?
Para que suba la marea.

ESTÁN TRES GALLEGOS
CONVERSANDO:
—YO TENGO UN GATO
QUE DICE MIAU.
—Y YO TENGO UN PERRO
QUE DICE GUAU.
—PUES YO TENGO UN
TARRO QUE DICE AZÚCAR.

Van dos gallegos en una barca.
—Oye, José ¿tú sabes por qué los buzos se tiran hacia atrás al mar?
—Joder Manolo, porque si se lanzan hacia delante caerían dentro de la barca.

Al cruzar por delante de una vidriera, un gallego se ve reflejado en el cristal, lo que provoca que se pase todo el día pensando:
—¿De qué conozco yo a ese tío que estaba en la vidriera? ¿Dónde lo he visto?
Por la noche, ya acostado sigue dándole vueltas en la cabeza y al fin cae en cuenta:
—¡Coño, ya lo sé! ¡Es el que se corta el pelo delante de mí en la peluquería!

Estaba un gallego intentando clavar un clavo al revés, cuando aparece otro y le dice:
—Joder Manolo, pero mira que llegas a ser bruto... ¿no te das cuenta que este clavo es para la pared de enfrente?

Un gallego le dice a otro:
—Oye Manolo pásame otro champú.
—Pero si ahí en el baño hay uno —responde.
—¡Sí hombre!, pero este es para cabello seco y yo ya me lo he mojado.

Va un gallego por la autopista a 200 km por hora y, después de pasar un radar lo detiene la Guardia Civil y le dice:
—Déme su nombre y apellido.
¿Está usted loco?
—le responde—
¿y yo después cómo me llamo?

En pleno vuelo, un motor del avión de aerolíneas gallegas comienza fallar:
—¡Coño…! que nos hemos «quedao» sin combustible —grita el piloto.
—¡Oh no…! —contesta el copiloto— ¿y ahora cómo bajaremos?

Una señora entra al colmado «Don Manolo» y le pregunta al dueño:
—Oiga don Manolo, ¿a cuánto tiene los huevos hoy?
—Joder mujer, pues como todos los días, a dos centímetros del culo.

En su viaje a Nueva York, Manolo entró a comprar un televisor en unos grandes almacenes para llevárselo a su familia.
—¿Es qué no hay televisores en su país? —le preguntó el dependiente.
—Claro que los hay —respondió algo malhumorado— pero los programas de aquí me gustan mucho más.

Le preguntan a un gallego condenado a muerte sobre qué modo de ejecución prefiere.
—Quiero morir de SIDA —responde.
—Concedido —le contesta el juez.
Llega un médico a la prisión y le inyecta el virus mientras el gallego ríe sin parar.
¿Pero cómo se puede reír, le estamos inyectando el virus del SIDA?
—¡Ja, es que tengo un condón puesto, Ja, Ja, Ja!

Unos gallegos estaban subidos a un árbol cuando los ve un policía y les dice:
—Pero bueno, ¿qué hacen ustedes ahí arriba? !Venga hombres, bajen, no sea que se vayan a caer.
Y cuando llegan al suelo:
—A ver, ¿quiénes son ustedes? —pregunta el oficial.
—¡Joder, hombre!... ¡qué memoria!... ¡somos los del árbol!

Un gallego entra en una droguería y pide un litro de pintura verde para pintar a su canario.
—¿Que va a pintar de verde a su canario? —dice el dependiente— ¿Está usted loco?
—No..., en absoluto —responde algo contrariado— pero es que no me gusta su color.
—¿Pero no ve que lo va a matar?
—¡Que va, hombre!
—Pues yo le digo que sí. ¿Nos apostamos 1.000 euros?
—¡Hecho!
Al cabo de un par de días, el gallego vuelve a la droguería con cara triste y le da los 1.000 euros al dependiente.
—¿Qué, lo mató al pintarlo?
—Pues no, pero el caso es que se murió mientras intentaba quitarle la pintura antigua con una espátula...

Van un alemán, un francés y un gallego en un vagón de tren hablando de lo mejor que tienen en su tierra y deciden hacer un concurso, uno dice una cosa de su tierra y el otro si cree que en la suya hay algo mejor se lo tiene que pasar por el forro.

Dice el alemán: —en Alemania tenemos el coche más rápido del mundo, ¿a ver quién se lo pasa por el forro?

Dice el francés: —en Francia tenemos una de las torres más bonitas del mundo, ¿a ver quién se lo pasa por el forro?

Dice el gallego, más listo que nadie: —en mi tierra hay una planta que no es muy bonita, que no es muy alta, pero que tiene unas espinas que te cagas por la pata, la llaman «toxo», ¿a ver quién es el listo que se la pasa por el forro?

Un gallego entra a un prostíbulo y pregunta:
—Eh, hombre!,
¿cuánto cuesta una prostituta?
—Depende del tiempo.
—Bueno…
supongamos que llueve…

Están una pareja de gallegos en la cama muy acaramelados y ella le dice a él:
—¡Ay Manolo, que me abrumas!
—¿Cómo que te abrumo? —responde él algo apesadumbrado.
—¡Que me «abru más» coño, que no entra bien!

Manolo, después de su viaje a las Vegas, llega al pueblo contando sus aventuras:
—Pues a mí me fue muy bien con esas máquinas traga monedas, metes una moneda y ganas, vuelves a meter y ganas, volvía a meter y ganaba, lo único es que al final no sabía qué hacer con tanta Coca-Cola.

GOLF

CUANTO MÁS RICOS MÁS PEQUEÑAS TIENEN LAS BOLAS...

Contradicciones del golf.
Golpeamos hacia abajo para que la pelota suba.
Hacemos un swing hacia la izquierda, cuando queremos que la pelota vaya hacia la derecha.
Gana la puntuación más baja.
Y para colmo, ¡el ganador paga las copas!

En un club de golf el recepcionista le dice a un socio:
—Lo siento mucho señor, hoy no pueden jugar, están todas las horas reservadas.
El socio le responde: —A ver, que pasaría si Tiger Woods y Jack Nicklaus llegaran a jugar, estoy seguro que podrían jugar ¿no?.
—Seguro, claro que podrían —responde el recepcionista.
—Muy bien —dice el socio— pues me acabo de enterar que ellos no vienen, así que nosotros ocupamos su lugar.

Un dentista recibe una llamada en su teléfono mientras está a la mitad de su trabajo con un paciente.
—¡Uh huh! —dice— ya veo. No te preocupes. Estoy allí en un segundo.
Cuelga el teléfono, se quita la mascarilla y los guantes, se va al servicio, coge sus palos de golf, y se dirige hacia la salida de la consulta.
—Por Dios, Doctor, —exclama el sorprendido paciente— ¿a dónde va?
—Es una emergencia, —dice el doctor, corriendo hacia la puerta— !tengo que rellenar 18 cavidades!

Tiger Woods decide irse en coche a su siguiente torneo y cuando está llegando ve un desvío a un campo de golf. Piensa que puede ser una buena idea parar un momento para practicar tranquilamente y coge el desvío. Cuando llega se encuentra las puertas del campo cerradas. Se baja del coche, se pone su chaqueta verde de ganador del Masters y llama al timbre. Un miembro del club se asoma, ve a Tiger y le dice: —¿En qué puedo ayudarle?
Tiger le dice: —Hola, me gustaría practicar y jugar en su campo.
—Lo siento, no puedes jugar aquí. El club para no socios está por ahí a la distancia de un golpe de hierro 4.
Enfadado hasta casi perder el control, Tiger le muestra su chaqueta verde y exclama: —¡¡¡Pero yo soy Tiger Woods, ganador del Masters de Augusta!!!
El hombre, avergonzado, se golpea en la parte de atrás de la cabeza y dice: —¡Oh, Tiger Woods! ¡Lo siento! Será solo a la distancia de un hierro 6 para usted.

Un amigo mío odia perder jugando al golf. Un día estaba jugando con otros tres golfistas cuando su bola fue a parar en un bunker. Él estaba oculto a la vista, pero todos nosotros pudimos escucharle como refunfuñaba cuando se colocaba a la bola.

Cuando finalmente la sacó, y se reunió con nosotros, le pregunté cuántos golpes había dado.

—Tres —respondió.

—¡Oh venga! —le dije—. He oído seis.

—Era un bunker muy profundo —me respondió— tres eran ecos.

Una partida de cuatro hombres llega al *tee* del hoyo 16. La calle era recta y tenía un fuera de límites marcado por una valla por la izquierda por donde transcurría una carretera. El primer jugador da un golpe y la bola hace una curva en esa dirección. La bola cruza la valla y entra en la carretera, donde golpea a la rueda de un autobús y rebota al centro de la calle.

Todos se quedan sorprendidos, y uno de los jugadores le pregunta, —¿Cómo demonios has hecho eso?

Sin excitarse le responde: —Solo tienes que saberte el horario de los autobuses.

A dos golfistas les toca salir juntos del tee del hoyo 1 y ambos explican que tienen un problema psicológico que les obliga a jugar de una manera diferente. Parece que ambos acuden al mismo doctor y que a ambos les ha recomendado jugar al golf usando una bola imaginaria para reducir el estrés. Y así, los dos empiezan su partida usando bolas imaginarias.

Después de hacer *eagles*, pares, *birdies* y de ir todo el rato por el centro de la calle, llegan al hoyo 17. Uno de ellos indica que dado que están empatados, él tiene el honor y debe salir el primero en el hoyo definitivo, y así se coloca y golpea a su bola imaginaria. —Mira eso, un precioso golpe al borde del green —dice muy contento.

El otro jugador golpea su bola imaginaria y dice que también ha ido a parar al borde del green, justo al lado de la otra bola imaginaria. El primero se prepara y golpea con el *putter*.

—No te lo vas a creer, mi bola ha rodado hasta el hoyo y ha entrado, yo gano.

El otro le responde: —Tú tampoco te lo vas a creer, acabas de golpear mi bola.

Un caradura jugando al golf, coge la bola situada en una irregularidad del terreno y la mira. Su compañero, mosqueado le dice:

—Perdona, pero en esa posición no se puede tocar la bola.

A lo que el caradura responde:

—Es que no veo bien. Es solo para comprobar si es la mía.

Vuelve a poner la bola en el suelo, pero la coloca fuera de la hendidura en la que había caído. Entonces el compañero le dice:

—Perdona, pero no la has puesto la bola en el mismo sitio en el que estaba.

Y responde:

—Ves como no veo bien.

Un día, un judío fue a jugar a un campo de golf en el que decían que podían suministrar caddies de todos los tipos y que podían atender requisitos especiales.

Cuando llegó al campo le dijo al jefe de caddies que quería un caddie que trabajara al estilo judío. Esto sorprendió al empleado, que nunca había tenido ese tipo de solicitud.

De todas formas, llamó a todos los caddies y preguntó si alguien podía ayudar. Tras un largo silencio, un caddie nuevo que estaba sentado en una esquina dijo que él podía.

En el camino al primer tee el chico dijo: —En realidad no sé cómo hacer de caddie al estilo judío, pero como soy nuevo, quería impresionar a los otros caddies, si usted me enseña cómo hacerlo le cobraré solo la mitad de la tarifa.

El hombre contestó:—... aprendes rápido...

—Mamá, ¿por qué les gusta tanto el golf a los hombres? —le pregunta un niño pequeño a su madre. Esta piensa un momento, luego le dice: —Creo que debe ser un instinto heredado. Igual que el hombre prehistórico cazaba animales para comer, el hombre de hoy caza buscando greens y hoyos en un solo golpe. —Pues el hombre prehistórico debió pasar muchísima hambre —contestó el chico.

Un padre le dijo a su hijo: —Ha llegado el momento de que tú y yo mantengamos una conversación, hijo mío. Pronto, te vendrán nuevas inquietudes y sentimientos que no habías tenido antes y que harán que estés preocupado y que no puedas pensar en ninguna otra cosa —y añadió— pero no debes preocuparte, es perfectamente normal... se llama golf.

Hubo una vez un golfista cuyo golpe de *driver* fue a aterrizar justo en lo alto uno de esos hormigueros que tienen la entrada en forma de montaña.

En vez de mover la bola, decidió jugarla como estaba.

Hizo un swing bastante malo. Levantó nubes de polvo, arena y hormigas… de todo, menos la bola de golf. Esta se quedó parada en el mismo sitio en que estaba.

Así que volvió a colocarse junto la bola y realizó otro golpe. Volvió a lanzar nubes de polvo, arena y hormigas. La bola de golf ni siquiera vibró.

Dos hormigas sobrevivieron. Una le dijo a la otra: —¡Vaya!, ¿y ahora qué hacemos?

Y la otra le respondió: —No sé tú, pero yo me voy a subir ahora mismo en la bola.

Mi mujer me preguntaba que por qué ya no iba a jugar al golf con Juan. Le pregunté: —Podrías seguir jugando con un tipo que siempre está borracho, que pierde tantas bolas que el resto de los grupos le tienen que estar adelantando, que te cuenta chistes a gritos cuando tratas de embocar en el hoyo y que falta a todo el que le rodea en el campo de golf?

—Pues no, cariño— respondió ella.

—Ya, él tampoco pudo.

Un hombre estaba jugando solo detrás de un grupo de tres mujeres en un fin de semana que había mucha gente en el campo de golf, por lo que el juego iba lento. Cuando el hombre llega al siguiente tee las tres mujeres están a punto de salir y él las pregunta si las importaría que se uniese a ellas para acelerar un poco el juego. Todas están de acuerdo en que es una buena idea formar un grupo de cuatro.

Todos hacen buenos golpes de salida y caminan hacia sus bolas. Las tres mujeres hacen su segundo golpe a green y el hombre envía su bola al bunker y maldice —MIERDA—. Entonces una de las mujeres lo oye y le dice que no está dispuesta a tolerar ese tipo de lenguaje. El hombre se disculpa y terminan el hoyo.

En el siguiente tee la mujer que le regañó hace su golpe de salida y le sale un poco hacia la derecha. Parece que la bola se va a quedar en la calle,

pero golpea en un árbol y sale rebotada hacia dentro del bosque. Entonces ella grita: —MIERDA— y empieza a pasear por el tee hecha un obelisco. El hombre, viendo todo esto, la dice: —creía que no tolerabas ese tipo de lenguaje.

Ella se vuelve y le dice: —¡Tu bola no golpeó en un PUTO ÁRBOL!

Al terminar un recorrido de golf le preguntamos a Juan que cómo le había ido la ronda. El respondió: —Me fue bien hasta que Guillermo tuvo un ataque al corazón y murió en el tee del hoyo 12.
Un compañero le dice: —Debe haber sido terrible.
A lo que Juan responde: —Imagínate... golpear la bola, arrastrar a Guillermo, golpear la bola, arrastrar a Guillermo, golpear la bola...

Dos amigos iban a jugar un día y decidieron que iban a seguir estrictamente las reglas y a no mejorar la posición en que cayera la bola. Tras algunos hoyos, la bola de uno de ellos fue a aterrizar en la rodadura de un *buggie*. Cuando este iba a agacharse para coger su bola, su amigo le recuerda que habían quedado en que no iban a mejorar la posición de la bola. No hubo manera de que su compañero de partida le convenciera de que lo que iba a hacer estaba permitido en las reglas, ya que el segundo jugador no se lo permitió. De forma que el jugador se fue al coche a coger un palo. Se colocó frente a la bola y realizó algunos swings de prácticas golpeando con el palo en el suelo sacando grandes trozos de barro. Finalmente golpeó la bola que aterrizó en el green a 50 centímetros de la bandera.

—¡Qué golpe! —exclamó su amigo— ¿Qué palo has usado?

El hombre le contestó: —He usado TU HIERRO 7.

¡TALIANOS

¡OH SOLE MIO!...

—¿Por qué Italia tiene forma de bota?
—Porque es imposible meter tanta gente en un zapato.

El hijo del carabiniero:

—Papá, ¿por qué toda la gente hace chistes con nosotros? ¡Ya estoy harto de que se rían de los carabinieri en el cole!

—Sí hijo, es nuestra cruz, pero es que entre los carabinieri hay algunos que tienen la cabeza un poco dura —y mientras dice esto, se pega un par de golpes en la cabeza con el puño.

—¡Papá, llaman a la puerta!

—¡Quieto hijo, que ya abro yo!

—¿Cuántas marchas tiene un tanque italiano?

—Una hacia adelante, cinco hacia atrás.

—¿Y por qué tiene una marcha hacia adelante?

—Por si los atacan por la retaguardia.

—¿Cuándo se considera educado escupir a la cara a una italiana?

—Cuando su bigote está ardiendo.

Un carabiniero vuelve a casa y cuando mete la llave en la cerradura hay un terremoto.

—¡Mierda! ¡He debido meter la llave del coche y el edificio se está poniendo en marcha!

Dos carabinieri:

—Pues otra vez se ha quedado mi mujer embarazada, ya es el sexto hijo, yo no sé cómo lo voy a mantener.

—Pero tío, controla un poco, usa la cabeza —le dice su compañero.

—¿Y no me haré daño en las orejas?

No le cuentes un chiste a un carabiniero el viernes porque se reirá el domingo en la misa.

¿Por qué los italianos se dejan bigote? Para parecerse a sus madres.

Un tío llega borracho a su casa y cuando abre la puerta y ve su imagen reflejada en el espejo de la entrada se va corriendo a llamar a los carabinieri:
—¡Vengan rápido, que hay un ladrón en mi casa!
Uno de los carabinieri le acompaña a su casa, abre la puerta con sigilo y le dice al propietario:
—¡Bah! no se preocupe, que ya hay un carabiniero dentro.

¿Cómo puedes matar a un italiano?
Esperas a que beba algo y entonces le machacas la cabeza bajando con todas tus fuerzas la tapa del retrete.

Padre italiano e hijo hablan por teléfono:
—Hola papá.
—¿Qué pasa, figlio mío?
—¡Acabo de entrar en la policía!
—¡Benne, per fine encontraste la vocacione!
—¡Má que vocacione, papa mío, vas a tener que venir a pagar la fianza!

Un tipo estaba cortándose el pelo en una peluquería días antes de hacer un viaje a Roma y habla de ello con el peluquero, el cual le comenta:

—¿A Roma? ¿Por qué alguien querría ir a Roma? Siempre está lleno de italianos ruidosos que apestan. Estás loco si vas Roma. ¿Y en qué te vas a ir?

—Voy por Alitalia, —respondió el tipo. —Aprovechamos una gran oferta...

—¿Por Alitalia? —exclama el peluquero. —¡Esa mierda de aerolínea! Sus aviones son viejos, sus azafatas feas y siempre llegan tarde... ¿Y dónde te vas a alojar en Roma?

—Vamos a estar en el Hotel Internacional Marriot.

—¿Esa mierda de hotel? Todo el mundo sabe que es el peor hotel de la ciudad...¡¡¡Las habitaciones son pequeñas, el servicio es malo y encima son unos careros!!! ¿Y qué vas a hacer cuando estés por allí?

—Voy a ir al Vaticano y espero ver al Papa.

—¡Esa sí que es buena! —se rió el peluquero.

—Tú y un millón de personas más tratando de verlo. ¡Lo vas a ver del tamaño de una hormiga! Pero, de todas maneras te deseo mucha suerte en tu viaje. La vas a necesitar...

Pasó un mes y el tipo volvió por su corte de pelo habitual. El peluquero le preguntó acerca de su viaje a Roma.

—Fue maravilloso —explicó el hombre.

—No solamente llegamos puntuales en uno de los aviones nuevos de Alitalia, si no que, como había «overbooking», nos pasaron a primera

clase. La comida y el vino fueron deliciosos y tuvimos una azafata preciosa que nos atendió como a los dioses. Y el hotel...fue fantástico. Recién habían terminado un trabajo de remodelación de 25 millones de euros y ahora es el mejor hotel de Europa. Ellos también tenían «over-booking», de manera que se disculparon hospedándonos en la suite presidencial ¡¡sin cargos extras!!...

—Bueno —exclamó sin mucho entusiasmo el peluquero, pero supongo que no pudiste ver al Papa...

—La verdad es que fuimos muy afortunados, porque mientras paseaba por el Vaticano un guardia suizo me dio unos golpecitos en el hombro y me explicó que al Papa le gusta conocer personalmente a algunos visitantes. Me invitó cordialmente a seguirlo para llevarme a las habitaciones privadas del Santo Padre, donde en persona nos recibiría. ¡Cinco minutos más tarde, el Papa entró por la puerta y estrechó mi mano! ¡Incluso me dirigió algunas palabras y nos invitó a un café!

—¿De veras? —dijo el peluquero conmovido.

—¿Y qué te dijo?

—Me dijo: «Hijo mío... ¿dónde coño te cortaste el pelo?».

—¿Por qué los carabinieri sonríen cuando ven un rayo?
—Para salir bien en la foto.

La Mafia estaba buscando un nuevo hombre para recoger todas las donaciones semanales que les hacían los negocios bajo su «protección». Acosados por la policía, deciden utilizar un gigantón sordomudo, de manera que no pudiera delatarlos si era arrestado.

—¡Mamá, mamá, en el colegio me llaman mafioso!
—No te preocupes hijo, ya iré a hablar con el director —responde la madre.
—Vale, vale, pero haz que parezca un accidente...

Durante la primera semana, el hombretón consiguió recaudar 40.000 euros, pero decidió quedarse el dinero y lo guardó en lugar seguro. La mafia pronto se dio cuenta del truquito y mandó a sus mejores hombres para recuperar su dinero. Pronto surgieron los problemas de comunicación y tuvieron que recurrir a un intérprete.

—Pregúntale dónde ha escondido el dinero —dice el capo de la mafia.

El intérprete, utilizando el lenguaje de los signos pregunta: —¿Dónde está el dinero?

—No tengo ni idea de qué me estáis hablando —responde el mudo.

El intérprete traduce esto al mafioso, que saca un revólver del 38 y lo coloca en la cabeza del mudo: —Ahora pregúntale si recuerda dónde está el dinero.

El intérprete traduce, y el sordomudo enseguida responde: —Los 40.000 euros están en el tronco de un árbol quemado en el parque.

El intérprete traduce: —Dice que sigue sin saber de qué estáis hablando, y que no cree que tengas las pelotas suficientes para apretar el gatillo.

—Filomena, per me eres algo así como Cameron Díaz, Angelina Jolie e Sharon Stone ¡¡tutte juntas!!
—Ay, Francesco, ¿tanto te gusto?
—Má no, ¡es que tú pesas como las tres juntas!

Julio César a sus legionarios:
—Tengo dos noticias, una buena y la otra mala. ¿Cuál queréis primero?
—¡La buena, la buena! —gritan entusiasmados lo legionarios.
—Pues la buena noticia es que hoy nos vamos a cambiar de calzoncillos.
(Los legionarios llevaban ya dos años de campaña en las Galias sin haberse cambiado, así que se ponen muy contentos.)
—¡Bravo! ¡Viva Julio César! ¿Y cuál es la otra noticia?
Y César responde: —Tú te cambiarás los calzoncillos con ese, tú con el otro, el de más allá con el de la trompeta…

Francesco, el italiano, va a comprarle un corpiño a su mujer, en una lencería de marca.
—Lo que pasa e que no sé talla es, señorita.
—¿Su mujer tiene los pechos como dos melones? —pregunta la dependienta.
—No, más chicos.
—¿Como dos pomelos?
—No, más chicos.
—¿Cómo dos melocotones?
—No, más chicos todavía.
—¡Bueno, serán como dos huevos!
—Eco, eco, pero eso sí… ¡fritos!

JESUCRISTO

¡CON FE... Y POR LAS PIEDRAS!...

Están en la última cena y dice Jesús:
—Esta noche uno de vosotros me va a traicionar.
Pregunta Pedro: —¿Seré yo maestro, seré yo?
—No Pedro, tú no serás.
Dice Juan: —¿Seré yo señor, seré yo?
—No Juan, tú no serás.
Y esto que dice Judas: —¿Seré yo maestro, seré yo?
Y dice Jesús: —¿Seré yo, seré yo?, ¡HIJO PUTA!...

Está Jesús en la última cena y al final viene el maître y la da la cuenta a Jesús, en eso cuando echa mano de la cartera, salta Judas y dice: —¡No maestro! invito yo que hoy cobro.

Está Jesucristo en la cruz gritando: —¡Malditos hijos de puta, romanos, cabronesss!...
En estas que se acerca Pedro corriendo y le dice: —¡Maestro, Maestro! que viene la prensa.
—Señor, perdónales porque no saben lo que hacen —dice Jesús.

Está Jesucristo en la cruz y empieza a llamar a Pedro a gritos: —¡¡¡Pedro, Pedro!!! —y Pedro se acerca corriendo mientras los romanos comienzan a tirarle flechas, sigue corriendo herido mientras Jesucristo sigue llamándole, finalmente llega arrastrándose moribundo y dice:
—Dime Maestro...
—Mira Pedro, desde aquí se ve tu casa.

Van Jesús y los apóstoles caminando por encima de las aguas del lago Tiberíades, cuando, de pronto, se oye a Pedro que grita: —Señor, ¡me hundo!

—Ten fe, Pedro ten fe —le responde Jesús.

—Sí señor, ya tengo fe, pero me hundo —grita nuevamente Pedro muy angustiado

—Ten fe, Pedro, ten fe —insiste Jesús.

—¡Señor! ¡me hundooo! —mientras Pedro desaparece entre las aguas

—Joder Pedro -dice Jesús agarrándolo por las barbas— ¡camina por las piedras! como los demás.

Estaba Jesucristo clavado en cruz, mira a la izquierda y le dicen al ladrón de ese lado:

—Hijo acércate.

El ladrón hace lo posible pero no puede y le dice: —¡Jesús no puedo soltarme de los clavos!

—¡Animal, inútil! —le reprende Jesús; y mira al ladrón de la derecha y le dice: —acércate.

El ladrón hace todos los ademanes posibles, pero la respuesta es la misma: —Señor no puedo.

—Par de inútiles, ¡¡¡no van a salir en la foto!!! —les dice Jesús.

Está Pedro parado en el patio y llega Jesús y le pregunta: —Pedro, ¿tú me amas? Y Pedro le contesta: —No maestro el marica es Juan.

Esto es un maricón que llega al cielo y se dedica a violar a todos los ángeles que pasan por su lado. En esto que Jesucristo se enfada y lo manda al infierno.

Cuando han pasado dos años va a visitarlo y ve que todo está frío y apagado y le pregunta al demonio: —¿Cómo es que está todo apagado?

Y el demonio contesta: —Desde que llegó el maricón, a ver quién es el guapo que se agacha a echar leña a la fogata.

Anda Jesús con sus apóstoles por el campo cuando llegan a un campo de olivos y les dice a sus discípulos: —Buscad una piedra y acercaros a mí.

Cada uno se pasea por los alrededores buscando una piedra de medio tamaño, menos Judas, que como no sabe para qué quiere Jesús las piedras, se limita a recoger una no más grande que una ciruela.

Cuando todos se acercan a Jesús con sus correspondientes piedras, Jesús les dice: —Ahora, para que podáis comer convertiré cada una de vuestras piedras en pan. E inmediatamente se produce el milagro y cada apóstol come el trozo de pan que le ha tocado de acuerdo con el tamaño de la piedra.

Judas, desesperado, maldice su mala suerte y se queda con más hambre que un náufrago en una isla desierta.

Pasan los días y, nuevamente se detienen en un bosque a la hora de la comida y Jesús les dice a sus discípulos que busquen una piedra y acudan a él.

Judas, al oír las palabras de Jesús, desaparece del bosque y regresa al cabo de un cuarto de hora empujando, con grandes sudores, una piedra de grandes dimensiones.

Cuando ya están todos, Jesús les dice: —Queridos discípulos, podéis sentaros cada uno sobre vuestras piedras, que hoy traigo bocadillos para todos.

Está Jesús en la última cena, y después de cenar, saca una bolsa de coca y dice: —Hoy por ser el último día yo invito.

Empieza a preparar las rayas, se mete la primera, y de pronto estornuda, y toda la coca a la mierda.

En eso salta Judas y exclama: —¡Es o no es para traicionarlo!

Estaba Jesucristo en la última cena y dice:
—Pedro, tú me negarás; Judas, tú me venderás; Mateo, tú meterás los dedos en mis heridas...
En esto se levanta Juan y Jesús le pregunta:
—Juan, ¿a dónde vas?
—A cenar a la barra, que con tanta gentuza no ceno en la mesa.
Están los fariseos tirando piedras a María Magdalena, cuado se acerca Jesús y dice:
—El que esté libre de pecado que tire la primera piedra.
Aparece una viejecita apartando a Jesús y tira un pedrusco que le abre la cabeza a María, y Jesús dice: —¡Jo madre, como te pasas!

En un pueblo eran tan brutos, tan brutos, que en la iglesia en vez de tener a Cristo crucificado lo tenían acojonado en una esquina.

Jesús prepara una fiesta. Llega Pedro y Jesús le pregunta:
—¿Qué traes?
—Coca, maestro —responde Pedro.
Entra Simón y pregunta Jesús:
—¿Qué traes Simón?
—Marihuana —dice Simón.
Entra Andrés y Jesús le pregunta:
—Andrés ¿qué traes?
—Éxtasis, señor —le dice Andrés.
Finalmente entra Judas y le pregunta Jesús: —¿Qué traes?
Y Judas le responde: —¡La brigada antidroga maestro!

Están san José y san Pedro tirando al plato.
—¡¡¡¡Plato!!!! Pum, ¡¡¡¡Plato!!!! Pum

En esas que pasa una paloma blanca volando y san José
agarra la escopeta y ¡Pum!, le pega un tiro y cae muerta
en el acto.
Al ver aquello, san Pedro le dice:
—Pero José ¿qué has hecho?, ¡era el Espíritu Santo!
Y san José contesta:
—Es que hay cosas que no se olvidan.

Está confesándose en una iglesia una mujer hermosísima
con una minifalda muy corta y le dice al cura que es nin-
fómana y que le gustaría tener sexo con él.
El cura, confuso, mira a la cruz y le pregunta a Jesús crucificado:
—Señor, señor, ¿qué hago?
Y Jesús le responde:
—Desclávame y verás lo
que hago.

Esto que va Jesucristo
con su Harley y se en-
cuentra con san Pedro
que se le ha averiado la
moto y está en la cuneta.
—¿Qué pasa Pedro?
—dice Jesucristo.
—¡Na! la pu.. moto esta
que me ha dejao tirao
—responde Pedro— ¿y
tú Jefe, a dónde vas?

—Nada, al pub el Calvario a tomarme unas copas —le responde Jesús.
—¡Pues ten cuidado! que me han dicho que ahí te clavan.

Está Jesús en la última cena con los apóstoles y pregunta:
—Juan ¿tú me quieres?
—Sí maestro —responde Juan.
—Felipe ¿tú me quieres? —continúa.
—Sí maestro —responde Felipe.
—Santiago ¿tú me quieres? —insiste.
—Sí maestro —responde Santiago.
En esa, se levanta de la mesa Pedro y Jesús le pregunta:
—Pedro ¿a dónde vas?
—A cenar a la barra, maestro, que esto está lleno de maricones...

LOCOS

LA TONTERÍA ES INFINITAMENTE MÁS FASCINANTE QUE LA INTELIGENCIA...

Un hombre llama por teléfono a un manicomio y pregunta:
—¿Quién hay en la habitación 24?
—Nadie.
—¡¡¡Bieeen!!! ¡Entonces me he escapado!

Se le escapa el loro al director del manicomio y se para en un árbol.

En esto que sale el director del centro y les dice a dos de los locos que lo cojan. Se suben a una escalera y de inmediato se bajan sin más interés. El director les pregunta:
—Pero ¿por qué no lo han cogido?
—¡Es que todavía está verde! —responden todos.

Dos locos se encuentran en el patio de un manicomio; uno de ellos le enseña el puño cerrado al otro y le dice:
—Oye, ¿a que no adivinas qué es lo que tengo en la mano?
—Hmmm... ¿un elefante?
El del puño cerrado pone cara de fastidio y replica:
—Si, bueno, ¿pero de qué color?

Dos locos se escapan de un manicomio, y los loqueros los persiguen.

Se meten en un almacén, y sin saber qué hacer, uno de ellos se mete dentro de un bidón vacío y le dice al otro que haga lo mismo que el y que se meta en un saco de patatas.

Cuando entran los loqueros, se ponen a registrar el almacén. Uno de ellos le pega un golpe al bidón, y el loco que está dentro dice «bidoing...» para que suene como que está lleno de líquido. Más tarde, otro de los loqueros le pega una patada al saco de patatas para ver si está lleno, y el loco de dentro dice «patatoing...».

En un manicomio, una de las enfermeras ve a un paciente escribiendo.
—Hola Pepe, ¿qué haces?
—Estoy escribiendo una carta.
—¿Y a quién se la vas a mandar?
—A mí mismo.
—Aja, ya veo... y dime, ¿qué te cuentas?
—No lo se, todavía no la he recibido.

Esta un loco cazando y de repente ve un pato. Hace el gesto como si tuviese una escopeta rápidamente y dispara, ¡¡pum, pum!! El pato que cae de inmediato a sus pies. Se queda el loco asombrado mirado sus manos y dice:
—Coño, ¡pero si no tenía escopeta!
El pato se levanta de una y dice:
—¡CABRÓN, vaya susto que me has dado!

Va un loco paseando una piedra cogida de una cuerda. En esto que se le acerca el director del centro, que ya estaba harto de tanto loco, y le pregunta:

—¿Qué, paseando al perrito, no?

—Pero que perrito ni que niño muerto, ¿no se da cuenta de que es una piedra?

—Muy bien, muy bien, para que vea que nosotros somos sensible a las mejoras de nuestros pacientes le voy el alta ahora mismo, ya se puede usted marchar.

Total que sale el loco a la calle con su piedra y vuelve la cabeza y dice:

—¡Ves lo que te dije, Sultán, si no ladrabas les engañaríamos!

—Jo, tío, no veas si hay locos sueltos por la calle.
—A mí me da igual, como soy invisible...

En un manicomio hay un interno que se pasa el día con la oreja pegada a una pared. Un día uno de los médicos decide averiguar que es lo que está escuchando, así que se acerca a la pared, se pone al lado del loco y al cabo de unos minutos dice:

—Pues yo no oigo nada.

—Ya lo sé, esta pared ha estado callada desde hace tres años.

Dos locos encuentran una escopeta de dos cañones, y confundiéndola con unos prismáticos uno de ellos se pone a mirar por los cañones cuando, accidentalmente, se le dispara en los ojos. El otro loco, sorprendido, le dice:

—No me mires con esa cara que yo también me he asustado.

Un tío entra en la consulta del psiquiatra, se sienta, coge un cigarrillo, lo deshace y se mete el tabaco en la nariz. El médico, sorprendido, le dice:
—Veo que usted necesita mi ayuda.
—Gracias, doctor. ¿Tiene una cerilla?

Un manicomio lleno de locos decidió sacar unos cuantos del lugar porque estaba muy lleno, y para eso les hicieron una prueba a los locos, dibujaron una puerta en la pared, y el que se diera cuenta que la puerta no era de verdad le darían el alta.
El primer loco pasó y trató de abrir la puerta y, en eso, otro loco no paraba de reírse, por lo que el enfermero pensó que él ya no estaba loco.
Pasó otro loco y también trató de abrir la puerta, mientras tanto, el otro loco todavía seguía riéndose, por lo que el encargado, sorprendido, le pregunta al loco:
—¿Y tú? ¿Por qué te ríes?
El loco contesta:
—¡Es que yo tengo las llaves!

Estaba un loco que en el manicomio y se quería suicidar, decidió lanzarse a la piscina para ahogarse, pero vino otro loco y lo sacó, entonces el director del manicomio lo llamó para felicitarlo por haberlo salvado, y le dijo:

Fue un acto heroico lo que hizo, pero lamento informarle que el loco que usted salvó esta mañana, se ahorcó en la tarde.

Entonces el loco le dice:

—¡Ah!, eso lo hice yo, porque lo colgué para ponerlo a secar.

ESTÁN dos locos PASEANDO POR EL jardín y uno LE dice al otro:
—Yo NO ESTOY loco.
—¡Ah NO! ¿y POR qué ESTÁS AQUÍ? LE PREGUNTA SU COMPAÑERO.
El OTRO, METIÉNDOSE un dedo EN EL culo LE dice:
—HUELE, yo NO ESTOY loco, ¡yo ESTOY podrido!

Dos locos planean la fuga del manicomio, uno le dice al otro:

—Si la pared es baja la saltamos, si es alta cavamos un hoyo, ¿entendido?

—Sí, pero ves tú primero.

Pasadas tres horas regresa el loco y dice:

—No podemos escapar.

—¿Por qué? —pregunta el que aguardaba.

—¡Porque no hay pared!

En el manicomio, un loco gritaba:

—¡Yo soy el enviado de Dios!

Se le acerca otro loco y le dice:

—No, ¡yo soy el enviado de Dios!

Y así, los dos locos se ponen a discutir.

Entonces, se acerca un tercer loco, y les pregunta:

—¿Qué pasa aquí?

Y el primer loco dice:

—¡Yo soy el enviado de Dios!

Y el segundo dice:

—No, ¡yo soy el enviado de Dios!

Entonces, el tercer loco dice:

—¡Parad, parad! un momentito, ¡yo no he enviado a nadie!

En un manicomio había hacinamiento de locos y para deshacerse de unos cuantos hicieron una prueba matemática:

—¿Cuánto es 8 por 5? —preguntó el psiquiatra.

El primer loco respondió: —8 × 5 = abril

—¡Este todavía está loco! —dijo el psiquiatra.

El segundo loco respondió: 8 × 5 = diciembre.

—¡Mal! Dijo el médico, todavía está loco.

El tercero apuntó: 8 × 5 = 40

—Este no está loco!, pero ¿cómo supo usted que 8 x 5 son 40? —preguntó el psiquiatra.

—Muy fácil, ¡resté abril con diciembre y me dio 40! —respondió contento.

Un día, en un manicomio aparece un loco subido a un árbol del jardín.

Tras muchos intentos por parte de los loqueros y del director del centro, no hay forma de hacer bajar del árbol al loco. Finalmente, se presenta otro loco y le dice al director que él puede conseguir que su compañero desista en su empeño de permanecer en la copa del árbol; el director, sin más recursos, le dice que haga lo que pueda; seguidamente el loco se saca una cuchilla de afeitar del bolsillo y le grita a su compañero:

—¡Baja o corto el árbol!

Anda un loquero por el manicomio haciendo la ronda, cuando, de repente, le salta un loco encima y empieza a estrangularlo.

—¡LOQUERO, LOQUERO! —grita desesperadamente llamando a un compañero.

—¡Aunque me queras, te mato! —le dice el loco.

Están en el manicomio limpiándolo todo y preparándose para recibir al gobernador de la provincia, cuando, la víspera de la visita, un loco se encarama por el palo de la bandera y deja clavado un pequeño cartel en el extremo del mástil.

Al día siguiente, desde abajo divisan el cartel, pero no alcanzan a leer qué dice, por lo que localizan al loco que se ha subido y le preguntan qué pone en el papel.

El loco, pese a la insistencia del director, se niega a desvelar el mensaje, por lo que no tienen más remedio que hacer que un empleado suba al palo y baje con el dichoso cartelito escondido para que no lo vea nadie. Tras realizar la ardua operación con total secreto, el director se reúne con el empleado en su despacho, destapan con sigilo el paquete y, estupefactos, leen:

—¡¡¡AQUÍ SE ACABA EL PALO!!!

LUNA DE MIEL Y ENAMORADOS

TONTA ELLA Y TONTO ÉL...

Era una vez una pareja de recién casados que ya habían tenido su primera discusión, la pareja iba en el coche, los dos molestos sin hablarse el uno al otro, cuando de pronto pasan por un establo donde hay puercos, vacas y caballos. La mujer, aun molesta le pregunta a su marido:
—¿Son familiares tuyos?
A lo que el marido le contesta:
—¡¡Sí, MIS SUEGROS!!

—Cariño, díme algo con amor —reclama ella.
—¡AMORFA!

Antes del matrimonio:

Él: ¡Sí!, Por fin. Qué duro fue esperar.
Ella: ¿Quieres dejarme?
Él: NO! Ni siquiera lo pienses.
Ella: ¿Tú me amas?
Él: Por supuesto, una y otra vez.
Ella: ¿Alguna vez me has sido infiel?
Él: ¡Noo! ¿Cómo te atreves siquiera a preguntar eso?
Ella: ¿Me besarías?
Él: En cada oportunidad que tenga.
Ella: ¿Te atreverías a golpearme?
Él: ¿Estás loca? No soy ese tipo de persona.
Ella: ¿Puedo confiar en ti?
Él: Sí.
Ella: ¡Mi amor!

Después del matrimonio: Lea de abajo a arriba.

Llega un caballero a una tienda y pregunta:
—¿Tiene tarjetas de san Valentín que digan: para mi único y verdadero amor?
—¡Sí, claro que las tenemos!
—Pues déme ocho por favor.

Un viejo de 80 años se casa con una chica de 17... se van de viaje de novios, y a la vuelta sus amigos le preguntan al novio.
—¿Qué tal el viaje de novios?
—Jo, genial, estuvimos en la playa, el sol,...
—Oye, y ¿qué tal con la chica?
—Fabuloso, hicimos el amor casi todas las noches.
—¿A tu edad? ¡Eso es increíble!
—No exactamente, mira, es que casi hicimos el amor el lunes, casi lo hicimos el martes,...

—Mi amor, hoy que es nuestro de aniversario de bodas, ¿por qué no matamos un pollo?
—¿Y qué culpa tiene el pollo? ¡Por qué no matamos a tu hermano que fue el que nos presentó.

Este es un matrimonio y el hombre le dice a la mujer:
—Mi amor, ¿crees tú en el amor a primera vista?
Y ella dice:
—Claro que sí mi cielo, porque si te hubiese visto más de una vez, no estaría casada contigo.

Consumado el matrimonio, en la alcoba nupcial, el novio reclama a su ahora esposa:
—Mi amor... ¡pero tú no eres vírgen!
—¡No! ¡¡¡Ni tú san José, ni esto es un pesebre!!!

Una mujer se levanta por la mañana, despierta a su marido y le dice:
—Cariño, he tenido un sueño maravilloso. He soñado que me regalabas un collar de diamantes por san Valentín. ¿Qué querrá decir?
El marido le contesta:
—Lo sabrás en San Valentín...
Llega el día de San Valentín y el marido entra en casa con un paquete en la mano. La mujer, emocionada, se lo quita de las manos, y rasga nerviosa el papel, abre rápidamente la caja y encuentra un libro titulado: «El significado de los sueños».

Están dos enamorados bailando bien pegados.
El novio le dice a la novia: —¡¡¡María, cada vez que bailo contigo bien pegado siento que el corazón se me sale!!!
Y le contesta ella: —¡Ay, Miguel, no sabía que los hombres tuviesen el corazón tan abajo!

En la noche de bodas le dice el esposo a su joven esposa:
—María, si hubiera sabido que eras virgen, no hubiera sido tan brusco.
Y ella le responde: —Pepe, si hubiera sabido que eras tan brusco, me quito las medias.

En su noche de bodas, ella se va a bañar y a cambiarse para su romántica luna de miel. Sale del baño con una hermosa bata de raso que le cae hasta los pies. Él, al verla, exclama:
—Amor mío, ¿por qué tanta ropa? ya estamos casados. Abre la bata y déjame contemplar tu belleza.
La mujer deja caer al suelo la bata y, el marido, al verla, lanza un suspiro y le dice:
—Mi amor, ¡qué belleza la tuya!, déjame tomarte una foto.
—¿Para qué, mi vida?
—Para llevar siempre tu foto cerca de mi corazón y poder contemplar tu belleza a diario.

Después de la sesión fotográfica él entra en el cuarto de baño a bañarse y cuando sale, ella le dice:
—Mi amor, ¿por qué esa bata? Ya estamos casados. Quítatela para contemplarte.
El hombre se quita la bata y ella le dice:
—Déjame sacarte una foto.
—¿Para qué, mi vida?
—¡Para hacer una ampliación!

La noche de la Luna de Miel de unos recién casados, la muchacha, al ver a su recién estrenado marido desnudo, le dice:
—¡Joder! Yo pensaba que tus amigos te llamaban burro porque no sabías leer.

Se casa un famoso torero con una rubia de infarto y, cuando están en la cama iniciando el acto sexual, él se detiene y dice contrariado:
—¡María, tú no eres virgen!
—Y a ti te falta un huevo —responde ella visiblemente enojada.
—Pero lo mío fue de una corrida —le responde.
—¿Y de qué te crees que fue lo mío?, ¿de una pedrada?

Un joven matrimonio se va de luna de miel, pero los dos parecen un poco preocupados.
El marido está pensando: —Y ahora ¿qué hago? Mientras eramos novios me las arreglé para que ella no descubriera lo del olor de mis pies, pero ahora que vamos a vivir juntos, tarde o temprano descubrirá que mis pies apestan más que un cerdo muerto.
La esposa, por su parte, está pensando: Y ahora, ¿qué hago? Mientras eramos novios me las arreglé para que el no descubriera lo del olor de mi aliento, pero ahora que vamos a vivir juntos, tarde o temprano descubrirá que mi aliento puede derretir edificios.

Así que cuando llegan al hotel para la noche de bodas, va él y le dice:

—Mira, amorcito, tengo que decirte una cosa muy importante.

—Yo también tengo algo que confesarte, mi cielo —le dice ella apesadumbrada.

—Deja que lo adivine, ¡te has comido mis calcetines!...

—Amor, ¿te acuerdas de este camisón?

El marido levantando la vista del periódico, le dice:

—Sí, es el camisón que usaste en nuestra luna de miel ¿por qué?

—¿Y te acuerdas de lo que me dijiste aquella noche, cuando me viste con este camisón?

—Sí, me acuerdo perfectamente, yo dije: «estás maravillosa con ese camisón, quiero chupar tus senos hasta dejarlos SECOS, y después quiero hacerte el amor hasta dejarte ACABADA».

—Y ahora, después de tantos años, ¿qué tienes que decir?

El marido mira a la esposa de arriba a bajo y le dice:

—¡MISIÓN CUMPLIDA!

Llega una pareja de recién casados al un hotel para pasar su primera noche juntos. La dueña, al verlos tan acaramelados, les da la mejor habitación y les dice que si precisan alguna cosa no duden en pedirla. La pareja, agradecida, se van a su habitación.

Al día siguiente la señora se extraña de no verlos a la hora del desayuno y su hijo, de 12 años, le dice:

—¡Mamá, mamá! Yo sé por que no bajan.

La madre no le hace caso y continúa cons sus labores.

Pasa el mediodía, la tarde, la noche... Y al día siguiente continúan sin aparecer los recién casado, así pasan tres días. Mientras que su hijo le dice el él sabe por qué no bajan, pero la señora sigue sin hacerle caso.

La mujer, preocupada, empieza a preguntar a los demás clientes si han visto a la pareja, pero nadie da una respuesta afirmativa y su hijo continúa con el mismo sainete.

Finalmente, le pregunta a su hijo y este le responde:

—¡Es que el primer día me mandaron a comprar vaselina y yo les traje «pegalotodo»!

MÉDICOS

No hay mal que 100 años dure...

Estaban operando a un paciente de los riñones, cuando el doctor grita:

—¡Detengan la operación! ¡No continúen! ¡Que ha habido un rechazo!

—¿Un rechazo? ¿El riñón transplantado o los injertos doctor? —pregunta el cirujano.

—¡Peor aún, el cheque! ¡El cheque no tiene fondos.

—Doctor... doctor, tengo tendencias suicidas, ¿Qué hago?
—Pues, ¡páguemE ahora mismo!

El médico le dice a su paciente en tono muy enérgico: «En los próximos meses nada de fumar, nada de beber, nada de salir con mujeres ni ir a comer a esos restaurantes caros, y nada de viajes ni vacaciones».

—¿Hasta que me recupere doctor? —pregunta el paciente.

—¡No! ¡Hasta que me pague todo lo que me debe!

Un hombre muy enfermo espera su diagnóstico. Llega el médico con cara de afligido a informarle:

—Mire, amigo, tendrá que ser fuerte, ¡usted tiene la enfermedad de McFerson!

—¡Dios mío! ¿Y eso es grave?

—Tomará su tiempo descubrirlo, señor McFerson.

Un pintor exhibía algunas de sus obras en una galería de arte. Una vez finalizado el período de exhibición, preguntó al dueño de la galería si entre los visitantes había advertido interés por adquirir alguna de sus pinturas. El dueño le contestó:

—Bueno, creo que tengo una noticia buena y una mala para ti.

El pintor le dijo que quería escuchar primero la buena. El dueño contestó:

—La buena noticia es que un elegante y rico caballero me preguntó si yo creía que después de que murieras tus pinturas adquirirían mucho valor y yo le respondí que sí, que así lo creía yo, y de inmediato adquirió quince de tus cuadros y los pagó en efectivo.

—¿Y la mala noticia cuál es?

—Bueno, el caballero me dijo que era tu médico...

Entre doctores.
Doctor Bermúdez:
—Hay que operar urgentemente a este paciente.
Doctor Luque: —¿Qué tiene?
Doctor Bermúdez:
—Mucho dinero.

Un tipo tiene un pene enorme, pero es tartamudo.

—No-no-no-noctno-do-doc-tor, 'k-k... que'n... que'n-no p...p... pue-doha ha... ha-blar.

El médico lo examina y le dice: —Mire, siento decírselo, pero la razón por la que usted tartamudea es que tiene el pene demasiado grande, habría que reducirlo.

—P...p... p-pues 'k... 'k... cor...cor't... 't ...hng,hng... te-laaaah 'p... 'p... 'pooor f-f-favooooo-or. —Contesta el paciente.

Total, que se hace la operación.

—Jo, doctor, que maravilla, ya puedo hablar como todo el mundo, que felicidad, ¡le debo la vida !

—Nada, hombre, ya será menos, hala, vaya con Dios.

Pero el hombre vuelve al cabo de dos semanas.

—Doctor, doctor, que ya no atraigo a ninguna mujer, mi vida sexual es una porquería, por favor, ¡déjeme como estaba!

—N... 'n-n... 'niha- ha- 'hablaaaar, 'ho... 'hombreeee.

—No me fío de los cirujanos; son expertos en manejar cuchillos, se ponen máscaras para que no los reconozcan, y usan guantes para no dejar huellas.

Un anciana va al médico.

—Doctor, doctor, quiero que me recete píldoras para evitar el embarazo.

—Pero bueno, si usted tiene 75 años, ¿cómo espera...?

—No, si es que me ayudan a dormir.

—¡Anda! ¿De verdad? ¿Usted duerme mejor tomando la píldora?

—No, si no son para mi. Es que se las pongo a mi nietecita de quince años en la Coca-Cola, y no puede imaginarse lo bien que duermo.

En la maternidad se han comprado una máquina para ayudar en los partos a las mujeres. Llega una mujer embarazada acompañada por su esposo y un doctor les dice:

—Miren, tenemos esta máquina que va a ser una revolución. Sirve para transferir parte del dolor del parto al padre, de forma de que la madre no tiene que sufrir mucho. ¿Estarían ustedes dispuestos aprobarla?

—Sí, —responde la mujer.

—Sí, —asiente también el marido.

—Bueno, pues el esposo se sienta aquí y como está en fase experimental, de momento pondremos la máquina tan solo al 10%, y ustedes me van diciendo.

Total, que el parto progresa de la forma normal, y el esposo dice:

—Oiga, que no noto nada. ¿Por qué no suben la máquina al 20%?.

El esposo sigue sin sufrir ningún dolor.

—Más, más, pónganla al 50% —insiste el marido.

La madre siente un alivio enorme, pero el padre ni se inmuta.

—Oigan, que de verdad que no me pasa nada, pónganla al 100%.

Y la madre da a luz sin dolor y están todos contentísimos. Hasta que el joven matrimonio vuelve a su casa y se encuentran al cartero muerto en la puerta.

El doctor está examinando a un paciente y le dice:
—Usted debería haber venido a verme antes.
—Sí... bueno, en realidad fui a ver a un curandero —contesta el paciente.
—Ya. ¿Y qué estupidez le dijo ese curandero?
—Que viniese a verle a usted.

Tras examinar a un paciente que es un alcohólico crónico, el médico le dice:
—No encuentro la razón de sus dolores de estómago, pero francamente, creo que esto se debe a la bebida.
—Bueno doctor, entonces volveré cuando usted esté sobrio.

—Mi médico es un desastre. Imagínate que estuvo tratando a mi esposa del hígado durante 20 años y al final se murió del corazón.
—Pues el mío no es mejor; si te trata del hígado, puedes apostar a que te mueres del hígado.

Es un médico gangoso que explica los resultados de la intervención a un señor de edad avanzada.
—*Miden*, la *opedación* del *zeñod Madtínez* no ha ido *demaciado* bien y *eztá* muy grave.
—¡No me joda doctor! —dice uno de los hijos del paciente un tanto intranquilo.
—No, no *mejoda* ni *mejodadá*.

Alberto y Alicia son pacientes en un hospital mental. Un día mientras caminaban cerca de la piscina del hospital, Alberto inesperadamente saltó a la piscina y se hundió hasta el fondo, donde permaneció sin moverse.

Alicia rápidamente saltó al agua para salvarlo, nadó hasta el fondo y lo sacó. Cuando el director del hospital se enteró del acto heroico de Alicia, ordenó que se le diera de alta del hospital, pues consideraba que ella ya estaba mentalmente estable.

El director le dijo a Alicia: —Tengo dos noticias para ti... una buena y una mala.

—La buena es que ya te dimos de alta, al meterte en la piscina y salvar la vida de otro paciente has demostrado que eres capaz de responder razonablemente ante una crisis, por esto llegué a la conclusión de que ya estás mentalmente sana y puedes abandonar el hospital. La mala noticia es que, Alberto, el paciente a quien le salvaste la vida, se colgó en el baño con el cinturón de su bata momentos después de que le salvaste la vida... Alicia, lo siento mucho, Alberto está muerto.

Alicia, muy sorprendida, le contesta al director: —No se colgó él... lo colgué yo para que se secara.

—Hola doctor me dijeron que me estaba buscando —preguntó el paciente.

—Bueno tengo dos noticias una mala y la otra espantosa —le dice.

—La mala noticia es que le quedan 24 horas de vida.

—¿Pero que puede ser aún peor que eso doctor? —pregunta desesperado el paciente.

—Ayer no lo pude encontrar por ningún lado.

Una señora llega al hospital y le dice al doctor:

—Yo soy la esposa del señor Martínez, que tuvo un accidente de tránsito y me dijeron que lo trajeron aquí. Quisiera saber cómo se encuentra.

—De la cintura para abajo su esposo no tiene ni un rasguño —contesta el doctor.

—Oh! Que alegría —dice la señora— ¿y de la cintura para arriba, doctor?

—No podemos decirle, señora, pues esa parte no la han traído.

Después de una intervención quirúrgica, el médico se reune con el paciente en la habitación para explicarle los resultados de la operación y le dice:

—Señor Martínez, tengo que darle dos noticias, una buena y otra mala. ¿Cuál quiere que le explique primero?

—Explíqueme primero la mala —responde el paciente.

—Pues mire, no hemos tenido más remedio que amputarle la pierna derecha.

—¿Y la buena? —pregunta desconsolado el señor Martínez.

—¡Pues que el señor de la habitación contigua le compra el zapato!

Un señor de 80 años llega al médico para un chequeo de rutina y el doctor le pregunta cómo se siente.

—¡Nunca estuve mejor! —le responde— tengo una novia de 18 años embarazada que tendrá un hijo mío.

El doctor piensa por un momento y dice:

—Permítame contarle una historia. Yo conocí a un hombre que era un ávido cazador, nunca se perdió una temporada de caza, pero un día salió rápido de su cassa y se confundió, tomando su paraguas en vez de su rifle —el doctor continua— así que llegó al bosque, apareció un gran oso frente a él. Levantó su paraguas, apuntó al oso y disparó.

—¿Y qué pasó? —preguntó el anciano.

—El oso cayó muerto frente a él —respondió el doctor.

—Es imposible —exclamó el anciano— ¡algún otro hombre debió haberlo hecho!

—A este punto quería llegar... —dijo el doctor.

MEXiCANOS

¡ÁNDELE, ÁNDELE, ÁNDELE...!

Anda un gringo de vacaciones por Ciudad de México y le pregunta a un mexicano sobre cómo puede llegar a las pirámides.

—Pos no sé, patrón..., dice el mexicano.

—¿Y al zócalo?

—pregunta nuevamente.

—Pos no sé, patrón..., repite.

—¿Y a la Villa?

—insiste.

—Pos no sé, patrón...

—¡Oh! Tú mexicano tonto —dice el gringo.

—Pos seré tonto, pero no ando perdido ¡pendejo!

Unos mexicanos quieren hacer un estudio sobre la situación del hambre en América.

Primero van a hablar con los haitianos y les preguntan:

—¿Cuál es su opinión sobre la crisis de alimentos?

—¿¿¿¿¿¿Alimentos??????

Desconcertados, se van a Estados Unidos y preguntan:

—¿Cuál es su opinión sobre la crisis de alimentos?

—¿¿¿¿¿¿Crisis???????????????»

Total, que esta gente decide irse a Cuba a ver que les pueden decir por esas tierras, digo islas.

—¿Cuál es su opinión sobre la crisis de alimentos?

—¿¿¿¿¿Opinión????????????????????????????????????

Un mexicano y un gringo están discutiendo sobre quién es el dueño de un pato. Al cabo de un rato de bronca infructuosa, dice el mexicano:

—Mira, lo que podemos hacer es una apuesta: aquél de nosotros que le pegue la patada más fuerte en los huevos al otro se queda con el pato.

—Ok, de acuerdo, empieza tú.

El mexicano le pega una patada al gringo que no quieras ver, a mí me duele solo de decirlo. Pero cuando el gringo se ha recuperado del percance y le va a dar la patada al mexicano, este le dice:

—Tú ganas, ten el pato.

Un alemán, un francés, un inglés y un mexicano comentan sobre un cuadro de Adán y Eva en el paraíso.

El alemán dice:

—Miren qué perfección de cuerpos, ella esbelta y espigada, él con ese cuerpo atlético, los músculos perfilados... deben de ser alemanes.

Inmediatamente el francés reaccionó:

—No lo creo, está claro que el erotismo que se desprende de ambas figuras, ella tan femenina, él tan masculino, saben que pronto llegará la tentación, deben de ser franceses.

Moviendo negativamente la cabeza el inglés comenta:

—Nada de nada, noten la serenidad de sus rostros, la delicadeza de la pose, la sobriedad del gesto, solo pueden ser ingleses.

Después de unos segundos más de contemplación el mexicano exclama:

—¡No estoy de acuerdo! Miren bien, no tienen ropa, no tienen zapatos, no tienen casa, solo tienen una triste manzana para comer, no protestan y todavía piensan que están en el paraíso.

—¡Esos dos solo pueden ser mexicanos!

Estaba un grupo de turistas gringos recorriendo un poblado rústico mexicano; en eso uno de ellos ve a un campesino tirado a la sombra de un árbol descansando. El gringo se le acerca en busca conversación:

—Hola amigo, ¿cómo estar tú?

—Muy bien jefe, aquí descansando.

—Dígame, ¿por qué usted no trabajar más por sus tierras?

—¿Y para qué?

—Para tener grandes cosechas y vender más.

—¿Y para qué?

—Así tú poder ganar más dinero y comprar ganado.

—¿Y para qué?

—Con el ganado hacer reproducir y vender y ganar más dinero.

—¿Y para qué?

—Para tener una casa bonito y vivir tranquilo y descansar.

—¿Y qué estoy haciendo, pinche gringo, en estos momentos?

—¿Por qué los mexicanos no van a las Olimpiadas?
—Porque los que saben nadar y los que corren bien ya se cruzaron a Estados Unidos.

Tres presidentes (Obama, Sarkozy y Calderón) están desnudos en la sauna de la casa blanca, discutiendo cuál será la estrategia a seguir para derrotar al terrorismo.

De repente, se escucha un bip-bip.

Obama se toca el antebrazo y el sonido cesa.

Los otros se le quedan mirando perplejos.

—Es mi biper, —comenta Obama—. Tengo un microchip bajo la piel de mi brazo.

Minutos más tarde, un teléfono suena.

Sarkozy acerca la palma de la mano hacia su oído. Cuando termina de hablar, él les explica:

—Es mi teléfono móvil. Tengo un microchip en mi mano.

Calderón, sintiéndose totalmente fuera de lugar y escaso de tecnología, sale de la sauna.

A los pocos minutos, regresa con un pedazo de papel higiénico colgando de su trasero.

Obama y Sarkozy se quedan atónitos, sin habla. A lo que Calderón les explica:

—Estoy recibiendo un fax.

En una convención de sacerdotes se encontraba un cubano, un estadounidense y un mexicano.

Se les aproxima una periodista y le pregunta al cubano:

—Padre, ¿usted podría explicarnos qué es lo que hacen en Cuba con el dinero de los fieles?

—Claro que sí chica. Es muy fácil, pintamos una línea en el piso y aventamos el dinero al cielo: lo que caiga adelante de la línea es para Dios y lo que caiga detrás de la línea es para nosotros.

—Muy bien, y ustedes los gringos, ¿qué hacen con el dinero?

—Nosotros, marcar un círculo en el piso y lo que caer dentro del círculo ser para Dios y lo que caer afuera, ser para nosotros.

—Finalmente, ustedes los mexicanos, ¿qué hacen con el dinero de los fieles?

—Nosotros somos más justos, aventamos el dinero al cielo y lo que alcance a agarrar Dios es para él y lo demás es para nosotros.

Existen 13 pruebas de que Jesús podría haber sido mexicano:

1.—Fue condenado mientras que el verdadero ladrón fue perdonado.

2.—Cuando lo encontraron muerto estaba en paños menores.

3.—Sus familiares fueron a visitar su tumba y ya no estaba.

4.—Estaba rodeado de pobres y cada día eran más.

5.—No pagaba impuestos.

6.—Era bueno con las prostitutas.

7.—En la última cena con sus amigos no pagó la cuenta.

8.—Hizo aparecer más alcohol en una reunión donde solo había agua.

9.—Siempre tenía una explicación para todo.

10.—Nunca tenía un peso en el bolsillo.

11.—Fue secuestrado por la policía.

12.—Fue incomunicado y torturado para que se confesara culpable.

13.—Un miembro de su banda lo delató y otro negó conocerlo.

—¿CÓMO TE VA? —LE PREGUNTA UN MEXICANO A OTRO.

—PUES FÍJATE CUATE QUE NO HACE MUCHO HE ESTADO A LAS PUERTAS DE LA MUERTE.

—¿QUÉ TE HA PASADO?

—NADA, ES QUE VENGO DEL CEMENTERIO.

En una reunión internacional de pastores, tres de ellos discuten sobre cuánta inteligencia tenían y cómo la aplicaban sus respectivos perros.

El español dice:

—El perro que yo tengo es de lo más peculiar; al terminar el trabajo encierra las ovejas y les da comida, además me vigila la casa con paso marcial durante toda la noche.

El argentino dice:

—El perro que yo tengo sí que es de lo más original: al terminar el trabajo encierra a las ovejas y les da comida; vigila la casa durante toda la noche; además, lava la ropa y me blanquea la casa una vez al año.

El mexicano, con lágrimas en los ojos, replica:

—El perro que yo tenía...

—¿Qué pasó? —preguntan los otros—.

—Se murió electrocutado.

—¿Fue por un rayo?

—No, arreglándome el televisor.

Era una vez un gringo, un japonés, un italiano y un mexi-
cano.
Los cuatro iban a bordo de un avión y cada uno llevaba
algo de lo que sobraba en su país.
El japonés, que llevaba un plato de arroz, lo tira y dice:
—Esto es lo que sobra en mi país.
Sigue el italiano que llevaba un plato con espagueti, lo
tira y dice:
—Esto es lo que sobra en mi país.
Entonces el gringo agarra al mexicano lo tira y dice:
—Pues esto es lo que sobra en mi país.

Una vieja pareja en México se sorprendió cuando llegó
de Texas un féretro con el cadáver de su familiar.
El cadáver estaba deslizado dentro del féretro tan ajusta-
damente que su cara casi pegaba con la tapa de cristal.
Cuando abrieron el féretro hallaron una carta que estaba
prendida de la ropa con un alfiler, la carta decía así:
—Queridos papi y mami: Aquí les envío los restos de tía
Juana para que le hagan
su entierro en el ce-
menterio del pueblo.
Disculpen que no haya
podido acompañarla,
pero tuve muchos gas-
tos. Van a encontrar
dentro del féretro y
abajo del cadáver de tía
lo siguiente: 12 latas de
Atún Bumble Bee, 12
frascos de champú Paul
Mitchell, 12 frascos de
acondicionador Paul
Mitchell, 12 frascos de
Vaselina Intensive

A altas horas de la noche en el parque de Chapultepec, un borracho simulaba nadar en el césped. En eso, en una de sus rondas, un policía lo observa y le pregunta qué es lo que hace.

—¿Qué no ve que estoy nadando? pendejo.

—Por favor, le pido que salga de ahí —le dice el policía.

El borrachín se niega y el policía insiste.

—Si quiere que me salga de aquí, venga y sáqueme —grita el borracho.

Exasperado, el oficial se quita los zapatos, se remanga la camisa y se sube las perneras del pantalón, al mismo tiempo que el borracho exclama:

—¡Ni que estuviera tan hondo!

Care, 12 pastas de diente Colgate y 12 latas de Spam. Repartánselo con la familia

—En los pies de Tía va un par de Reeboks nuevo (talla 8) para Pepito. Por debajo de su cabeza hay 4 pares de Reeboks nuevos para los hijos de Pancho.

—Tía lleva puesta 6 sudaderas Ralph Lauren, una es para Juanito y el resto para sus hijos.

—Tía también lleva puesto una docena de sostenes Wonder Bra (mi favorito), divídanlos entre las mujeres.

—Las 2 docenas de pantaletas Victoria's Secret que lleva puestas deben repartirlas entre mis sobrinas y primas.

—Tía también lleva puestos 8 pantalones Docker, papi quédate con uno y el resto es para los muchachos.

—El reloj suizo que me pediste está en la muñeca izquierda de tía Juana, también lleva puesto lo que me pediste para mami (aretes, anillos y un collar).

—Saquen todo rápido antes de que vayan a ver el cadáver y se lo quiten.

—Además, los 6 pares de medias Chanel que lleva deben repartirlas entre las muchachas del pueblo. Espero que les gusten los colores.

—Los quiere mucho, su hija Carmencita.

—P.D. ¡Por favor consíganle a tía un vestido para el entierro!

MILITARES

HAZ EL AMOR Y NO LA GUERRA...

Un general le dice al soldado:
—¡Soldado, ice la bandera!
El soldado responde:
—Lo felicito mi general, le ha quedado muy bonita.

Estaban formados los soldados y en eso el general le pregunta a un soldado:
—Soldado Martínez, ¿para usted qué es la patria?
—Para mí la patria es como si fuera mi madre, general.
—¡Muy bien soldado, muy bien!
—Soldado González, ¿y para usted qué es la patria?
El soldado González se queda pensando y dice:
—Para mí es como si fuera mi tía, general.
—¿Y por qué? —pregunta sorprendido el general.
—¡Porque el soldado Martínez es mi primo mi general!

Llama el general al sargento por teléfono a las 3:00 de la madrugada y contesta el soldado que está de guardia:
—¡Puesto de guardia! —dice el soldado.
—¡Páseme al sargento rápidamente! —dice el general.
—Lo siento señor, el sargento está durmiendo y no quiere que lo molesten, llame mañana.
—¡Mira incompetente, pásame al sargento ahora mismo! —le contesta el general.
—¿Está usted sordo o qué?, ya le he dicho que el sargento está durmiendo y no quiere que lo molesten, llame mañana, le grita el soldado.
—¡Soldado, ¿usted sabe quien soy yo?! —le grita el general.
—¡No lo sé y no me interesa! —le grita el soldado.
—¡Yo soy tu general! —le grita el general.

—¡Oooooooooostias! ¿Y usted sabe quién soy yo? —le pregunta el soldado.

—¡No! —le responde el general.

—¡Ah, menos mal! y le cuelga el teléfono.

Está el sargento haciendo instrucción con la tropa y le pregunta al soldado Martínez:

—Soldado Martínez ¿de cuántas partes se compone el fusil?

—¡De dos mi sargento! —responde rápidamente.

—¿Ah, si? ¿y cuáles son? —pregunta el sargento nuevamente.

—¡El fu y el sil! ¡mi sargento!

Ingresan nuevos reclutas el cuartel militar, el coronel pide que se formen en fila y que se enumeren del 1 al 7. Del 1 a 6 los reclutas dicen con voz alta su número, 1, 2, 3, etc. el séptimo, con voz sexy, dice:

—¡Siete!

El coronel frunce el ceño y repite algo enojado:

—Hagan el favor de volver a decir sus números.

Y nuevamente 1, 2 y el séptimo nuevamente con voz sensual dice:

—¡Siete!

El coronel muy enojado se acerca al recluta y le dice con voz fuerte:

—A mí me gustan los hombres.

Y el siete contesta con voz sensual:

—¡Qué bueno, a mí también!

En el ejército, el coronel a su ayudante:

—Mañana a las nueve habrá un eclipse de sol, fenómeno que no ocurre todos los días. Ordene que salga la tropa al patio en traje de faena para que puedan observar esta rareza natural, y yo estaré presente para explicarla. Si llueve, no podrá verse nada, así que ordenará usted que se lleven la tropa al gimnasio.

El ayudante del coronel al capitán:

—Por orden del coronel, mañana a las nueve habrá un eclipse de sol; si lloviera no podrá verse desde el patio y, por consiguiente, en traje de faena el eclipse tendrá lugar en el gimnasio, cosa que no ocurre todos los días.

El teniente al sargento:

—Mañana a las nueve, en traje de faena, el coronel eclipsará al sol en el gimnasio, como ocurre todos los días que hace buen tiempo, si llueve tendrá lugar en el patio.

El sargento al cabo:

—Mañana a las nueve el eclipse del coronel en traje de faena por el sol tendrá lugar en el gimnasio; si llueve allí, cosa que no ocurre todos los días, la tropa formará en el patio.

Comentarios entre la tropa:

—Mañana si llueve, el sol eclipsará al coronel en el gimnasio. Lástima que esto no ocurra todos los días.

Se encuentra un soldado veterano explicando a unos amigos lo que le pasó en la guerra y les cuenta:

—Yo tuve la experiencia de caerme dentro de una letrina en el campo.

—¡Increíble! —comentan los compañeros.

—¿Hasta dónde te impregnaste de toda esa porquería? —preguntan.

El veterano contesta:

—Hasta los tobillos.

¡Ah, por lo menos no estaba tan llena! —suspiran sus amigos.

—¿Que no? ¡Caí de cabeza!

Se encuentra la tropa descansando, el sargento decide hacer una prueba a los soldados y pregunta:

—¿Cuánto es 4 x 8?

El soldado Gómez responde con voz fuerte y clara:

—¡48 mi sargento!

El sargento responde:

—¡Así me gusta! ¡Analfabeto, pero enérgico!

Un soldado muy enojado le pregunta a un capitán:

—Capitán, capitán, ¿es cierto que anda diciendo que usted y yo nos besamos detrás del almacén de los materiales de guerra?

—¡No!, yo no he dicho nada —contesta el capitán.

¡Entonces alguien nos ha visto mi capitán! —dice el soldado.

El teniente llama a dos soldados, y les ordena medir el palo de la bandera para comprar una cuerda nueva pues se acercaban las fiestas de la población y la bandera deberá estar izada toda la jornada.

Los soldados, obedientes, parten a cumplir la orden, en eso se percatan que no tienen una escalera para efectuar la medición, entonces un soldado le dice al otro:

—Desclavamos el palo, lo medimos en el suelo y luego lo volvemos a clavar.

Cuando estaban ejecutando la operación con el palo en el suelo, pasa el teniente y les dice:

—¿Qué están haciendo, imbéciles?

—Bueno, estamos midiendo el palo de la bandera mi teniente.

—Idiotas —les dice el teniente— al coronel le interesa saber la altura del palo y no su longitud.

Un general a su subordinado:

—Dígame, sargento, ¿qué hizo para cumplir mi orden de impedir al enemigo usar el tren? ¿Lo dinamitó?

—¡No, señor! Compré todos los billetes.

En el ejército el sargento al pasar revista a los soldados dice:
—¡Soldados! ¡Armas al Hombro!
Y sorprendido dice:
—¡No Hombre! ¡El del tanque no!

El sargento dice:
¡A ver, dos soldados voluntarios que les guste la música!
Dan un paso al frente dos soldados.
—¡Pues venga, a subir al quinto piso el piano del general!

Está un soldado en la mili en clase de teórica y su sargento le pregunta:
—Soldado, si delante tiene el norte, a la derecha el este y a la izquierda el oeste, ¿qué tiene detrás?
—La mochila mi sargento.

Esto son dos mercenarios en los días del Salvaje Oeste, y les dice un coronel:
—Soldados, el ejército necesita vuestra ayuda. Id al territorio de los indios, y por cada cabellera de Sioux que consigáis traer de vuelta al fuerte, os daremos 100 dolares de oro.

Total, que los dos cazarrecompensas se van al territorio de los indios y hacen un campamento. De madrugada, uno de ellos oye el chasquido de una ramita, se despierta, y ve que alrededor del campamento hay 100 sioux con pinturas de guerra; entonces le pega un codazo al otro mercenario y le dice:
—¡¡Sam!! Sam, despierta, ¡somos ricos!

En la guerra:
—Soldado, ¿ha visto al enemigo? —pregunta el capitán
—Sí, están delante, detrás, a la izquierda y a la derecha, ¡y esta vez sí que no se escapan, mi capitán!

En un campamento mixto de maniobras de la OTAN va un general estadounidense, otro francés y otro español. El estadounidense, para impresionar, coge la bayoneta de un soldado de su ejército, y se la clava en el pie.
—¿Sientes algún dolor? —le pregunta al soldado.
Con lágrimas en los ojos responde el guiri:
—(Gnnnni) ¡Negativo, Señor! Porque yo soooy uun marine de Eesstadoss Unidosss. Seeeñoooor!
El general ruso no quiere quedarse atrás, así que se acerca a un soldado ruso, le coge la bayoneta, se la clava en el pie tres veces y le pregunta:
—Soldado, ¿sientes algún dolor?
El soldado le responde apretando los dientes:
—¡Grrrrr! ¡Niet, mi generrraall! ¡Porrrque yo soy grrraaaan soldado Rrrussso!
Así que llega el general español, se agarra a un recluta, le coge la bayoneta, se la clava en el pie diez veces, se la retuerce son saña y luego remacha un par de veces y le pregunta:
—¿Qué soldado? ¿Notas algún dolor?
Y el soldado, firmes, erguido, sonriente, saluda y responde con aire marcial y orgulloso: —¡NO!
EL general se queda sorprendido y pregunta: —¿Por qué?
—Porque calzo un 38 y me han dado un 45!

MÚSICOS

¡TRIUNFARÉ! AUNQUE SEA TRABAJANDO

—¿Qué hay que hacer para que un guitarrista de rock baje el volumen?
—Ponerle una partitura delante.

—¿Por qué los violinistas son malos amantes?
—Porque solo saben una posición.

Un nuevo rico había enviado a su hijo pequeño a Viena para que le enseñaran a tocar el violín.

Cuando el hijo regresa, a los dos años, le pide a un amigo melómano que lo escuche y dé su opinión. Así lo hacen y después de que el niño ha tocado el violín, el padre pregunta al amigo:

—¿Qué te parece la ejecución?

—Hombre, un poco fuerte. Yo creo que dos bofetadas serían suficiente.

♪

Entra borracho en una fiesta, y una señora que estaba tocando el piano, sintiéndose ofendida, le pregunta:

—¿Le gusta la música?

Y él le contesta:

—Mucho. Pero no importa, siga tocando.

♪

¿Qué tienen en común los dedos de un violinista y un rayo?

Que es un milagro si caen dos veces en el mismo lugar.

♪

Un batería, harto de las bromas decide cambiar de instrumento. Después de pensarlo un buen tiempo, se decide por el acordeón. Va a la tienda de instrumentos y le dice al vendedor:
—Quisiera ver los acordeones, por favor.
El vendedor señala una estantería y dice:
—Todos nuestros acordeones están allí.
Después de mirar un rato, el batería le dice:
—Me gusta aquel grande y rojo de la esquina.
El vendedor lo mira y le dice:
—¿Usted es batería, no?
El batería sorprendido le responde:
—¿Cómo lo sabe?
—Porque el acordeón grande y rojo es el radiador.

♩

—¿Cuál es la diferencia entre un violín y una viola?
—Ninguna, el violín parece más pequeño porque los violinistas son más cabezones.

♩

—¿Por qué los chistes de violas son más cortos?
—Para que los violinistas puedan entenderlos.

♩

—¿Cuál es la diferencia entre un violinista y un perro?
—El perro sabe cuando dejar de hacer ruido.

♪

—¿Cuántos segundos violinistas hacen falta para cambiar una bombilla?
—Ninguno, ¡ellos no puedan llegar tan alto!

Un famoso violinista al firmar un autógrafo en el libro de autógrafos de un aficionado.
—No hay mucho sitio en esta página. ¿Que podría escribir?
Otro músico de la orquesta que estaba cerca le sugiere.
—¡Escriba su repertorio!

♪

El violinista le dice a su mujer:
—Cariño, podría tocarte como a mi violín.
—Preferiría que me tocaras como a una armónica.

—¿Cómo hacer que un cello suene hermoso?
—Vendiéndolo y comprando un violín.

♪

—¿Qué diferencia hay entre un contrabajo y un ataúd?
—Que en el contrabajo el muerto es el de afuera.

♪

—¿Cómo hacer que un contrabajo suene afinado?
—Cortándolo en pedacitos y convirtiéndolo en un xilófono.

♪

Dicen que, tras las apariencias simpáticas de ambos, existe un gran odio entre Luciano Pavarotti y Plácido Domingo.

Sin embargo, el azar hace que se encuentren en el Aeropuerto J. F. Kennedy, cruzándose sin posibilidad de ignorarse. Cuentan que se produjo el siguiente dialogo:

—¿Cómo andas Placido tanto tiempo sin vernos? —pregunta Luciano.

—Excelente Luciano, vengo de un concierto en la Scala de Milán, el teatro completamente lleno y mi actuación fue realmente fabulosa. Tuve que salir a saludar 35 veces y una estatua de la virgen María que se encontraba a la derecha del escenario, lloró —responde Plácido. —Y tú, Luciano ¿cómo andan tus conciertos?

No te lo puedes imaginar, Plácido, lo que fue mi concierto en esta bella ciudad de Nueva York. Canté como nunca había cantado con el teatro lleno, arias, canzonettas, bises y cada vez la gente aplaudía mas. Tuve que salir a saludar 62 veces y, al final de los mismos, se produjo un hecho increíble: Desde una cruz tamaño natural que había al borde del escenario, se liberó Jesús y, viniendo hacia mi y abrazándome me dijo: «Tú sí que cantas bien, no como ese español... que hizo llorar a mi madre».

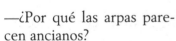

—¿Por qué las arpas parecen ancianos?

—Porque ambos son difíciles de meter y sacar de los coches.

—¿Por qué es mejor un piano de cola que uno vertical?
—Porque hará mucho más ruido cuando lo tires por el acantilado.

♪

—¿Para qué se
inventó el piano?
—Para que los
músicos tuvieran un
lugar donde apoyar la
cerveza.

—¿Cuál es la diferencia entre un saxo barítono y una motosierra?
—El cansancio.

♪

El órgano es un
instrumento de culto
porque cuando
comienza a sonar,
sentimos el Poder de
Dios y cuando termina
conocemos la Gracia
de Dios.

Si te estás perdido en el bosque, ¿quién puede indicarte el camino correcto?...
¿Un saxofonista afinado, un saxofonista desafinado, o Papá Noel?...
El saxofonista desafinado, los otros dos son alucinaciones.

♪

—¿Cuál es la diferencia entre los trompetistas y los bonos del estado?
—Los bonos del estado eventualmente maduran y generan dinero.

♪

Andan unos turistas de safari en la jungla africana y, cuando acampan para pasar la noche empiezan a escuchar el redoble de unos tambores.

—¿Qué es ese ruido de tambores? —preguntan asustados al guía nativo.

—Si tambores tocar, es bueno. Si tambores parar, es malo —responde el guía.

Así pasan un par de días escuchando continuamente los tambores, cuando, la tercera noche, mientras montan el campamento para dormir, cesa repentinamente el ruido de tambores.

¿Qué pasará ahora? —preguntan atemorizados los turistas al guía.

—¡Yuyu, yuyu! —dice el guía —¡después de solo de tambores, venir solo de contrabajo!

OLa única satisfacción que da la existencia de la polución ambiental, es que gran parte de ella atraviesa los saxofones.

—¿Por qué los gorilas no tocan la trompeta?
—Porque son muy sensibles.

—¿Cuál es la diferencia entre un trombón y una moto sierra?
—El vibrato, aunque se puede minimizar esta diferencia sosteniendo la sierra con firmeza y es más fácil improvisar con una moto sierra.

♪

Un tubista hablando con un amigo:
—¿Oíste mi último recital?
—¡Eso espero!

—¿QUÉ ES UN CABALLERO?
—ALGUIEN QUE SABE CÓMO TOCAR UN TROMBÓN, PERO NO LO HACE.

♪

—¿Cuál es la diferencia entre un batería y una caja de ritmos?
—A las cajas de ritmos hay que darles la información solo una vez.

—¿POR QUÉ ES LA TROMPETA UN INSTRUMENTO DIVINO?
—PORQUE UN HOMBRE SOPLA EN ÉL Y SOLO DIOS SABE QUE SALDRÁ DE ÉL.

♪

Oído en un ensayo:
—¡Los músicos y los baterías al escenario!

♪

—¿Qué es lo primero que hace una soprano cuando se despierta?
—Se viste y se va a su casa.

♪

—¡Mamá, mamá! ¡Hoy pude decir todo el abecedario de memoria y mis compañeros de clase no!
—Muy bien cariño, eso es porque eres batería.
Al día siguiente Ricardito dice:
—¡Mamá, mamá, hoy conté hasta 10 y mis compañeros de clase solo llegaron hasta el 7!
—Muy bien cariño, eso es porque eres batería.
Al tercer día, Ricardito llega a su casa y dice:
—¡Mamá, hoy nos midieron en el colegio, y soy el más alto! ¿eso es porque soy batería?
—No cariño, no; eso es porque tienes veintiséis años.

—¿Cómo sabes si un cantante está en la puerta?
—Porque no sabe cuando «entrar».

—¿Cuál es la diferen-
cia entre una soprano
y un terrorista?
—Con un terrorista se
puede negociar.

—¿Cuál es la diferencia entre una soprano y una cobra?
—Una es mortalmente venenosa, la otra es un reptil.

♪

—Creo que mi vecino no anda muy bien.
—¿Por qué?
—De pronto, todas las noches, a las tres de la madruga-
da, se pone como loco a golpear las paredes.
—¿Y tú qué haces?
—¿Yo? Nada, sigo tocando la batería.

♪

NECRÓFILOS Y SÁDICOS

El vivo al bollo y el muerto...

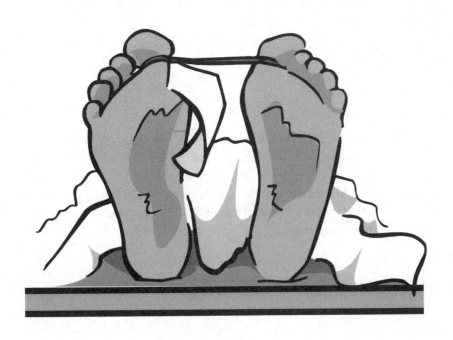

—¿Has oído hablar
del club de
taxidermistas de ovejas
australianos?
—Tienen unas curiosas
normas referentes al
rellenado y montaje de
las ovejas muertas...

—Yo fui necrófilo
hasta que un día un
viejo y podrido chocho
rompió conmigo.

En el cine, la guapa está muriendo en los brazos del bueno.
Al fondo se oye: —¡fóllatela ya, idiota, antes de que se enfríe!

Al hacerle la autopsia a ese hombre momificado de la edad del bronce que apareció en un glaciar, examinaron sus contenidos intestinales para averiguar cual era su dieta, y se encontraron con que había semen. Este semen fue datado y resulto tener un año. Pinches arqueólogos.

Veinte hombres y una mujer naufragan en una isla. Al cabo de un año, la mujer está tan asqueada de lo que tiene que hacer para satisfacer a los hombres que se suicida. Al cabo de otro año, los tíos están tan asqueados de lo que tienen que hacer para satisfacerse que deciden enterrarla.

Dos niños hablando.
—Pues mi papá tenía razón cuando me dijo que no debería ir al granero donde se reúnen los del club radical de bestialismo y necrofilia, porque iba a ver cosas que tengo prohibidas.
—No, si es que eso de follar con animales y muertos debe ser un poco fuerte.
—No, no es eso... lo que pasa es que mi madre es la presidenta.

Están juzgando a un tío por necrofilia y dice que el no se dio cuenta de que la mujer estaba muerta. El juez contesta, indignado:
—¡Pero bueno! ¿Es que acaso no se dio cuenta de que estaba fría, rígida, que olía mal y que no le hacia ni caso?
—Si, pero es que era rubia...

Un tío va a un burdel buscando una puta barata. Como suele ocurrir en este tipo de chistes, se pone a regatear un rato con el chulo, y al final le dicen que pague una miseria y que se tire a una tía que hay en un cuarto, pero que no encienda la luz. El tío entra, en-

cuentra la cama, sube, pero nota que la tía esta como babeando, y le pregunta que si se encuentra bien, pero ella ni responde ni se mueve ni nada, así que sale y le dice al chulo:

—Oiga, esta chica debe encontrarse mal, porque parece que esta babeando y...

—¡Manolo, cambia la muerta, que esta ya esta llena!

Consejos para las embarazadas:
—Si nace nena... ponle Alicia.
—Si nace nene... ponle Carlitos.
—Si nace muerto... ponle flores...

—Era un tipo tan feo, pero tan feo, que cuando murió le tuvieron que poner mantequilla para que los gusanos se lo comieran.

Dos soldados están en una trinchera en mitad de un combate.

—Oye, tengo unas ganas irresistibles de cagar.

—Pues aquí no lo haces.

—¿Pero qué dices? ¿No querrás que salga y me juegue la vida, no?

—¿No querrás que nos quedemos aquí solos oliendo tu mierda, no?

—Joder... bueno, pues me voy al cráter de enfrente.

—Vale, te cubro...

Se va y el otro se queda esperando en la trinchera. Las horas empiezan a pasar y el de la trinchera está empezando a preocuparse por su compañero y tiene remordimientos de conciencia. Finalmente, su compañero vuelve sano y salvo.

—¿Qué te ha pasado?

—Jo, ha sido increíble, al llegar a ese cráter vi una enfermera y he estado follando durante horas, la he hecho de todo, por delante, por detrás, vamos, tremendo, después de tres meses sin ver una mujer...

—Joder, que suerte... pobrecilla, el miedo que debe haber pasado.

—Si, pobrecilla...

—Oye, ¿y tú crees que si voy yo ahora me hará una mamada?

—Hombre, si tienes suerte y encuentras su cabeza...

Tres necrófilos están charlando:

—A mí me gustan recién muertas, porque están todavía calentitas.

—Yo las prefiero al cabo de un par de días, cuando tienen el rigor mortis.

—Pues a mí me gustan más al cabo de un mes, cuando las puedo penetrar por donde me dé la gana...

El marido muere y lo están preparando para el entierro cuando descubren que hay un pequeño problema: el cadáver esta empalmado, y no hay forma de disimularlo. La esposa sugiere que le corten el nabo y se lo pongan dentro del culo.

Durante el velatorio al cadáver se le nota una pequeña lagrimita en el ojo.

La esposa se acerca y le susurra al oído.

—¿Qué? ¿A que duele?

Un enfermero llama a la policía denunciando que en la morgue del hospital ha llegado el cadáver de una mujer asesinada.

—A ver, muéstrenos el cuerpo.

—Esa es, mire la sangre en la entrepierna, la mataron clavándole hasta el fondo un puñal ahí arriba, ¿ve como solo asoma el extremo del mango?

—Pero hombre de Dios, ¿es que no ve que esta mujer tiene sangre porque mu-

rió menstruando, y que eso no es el mango de un puñal sino su clítoris?
—Ah... ¿y cómo es que tiene un saborcillo metálico?

—¿Qué hace un bebé en una bañera llena de sangre?
—Masticar una cuchilla de afeitar

—¡Pepe, Pepe! Tu mujer está en comisaría denunciándote por malos tratos.
—Pues será por escrito porque yo le he partido la boca.

Se escucha el siguiente dialogo:
—¿De quién es esta boquita...?
—Y... ¡no se!
—Y... ¿de quién son estos ojitos?
—Hmmm... tampoco lo se.
—Y ¿esta manita? ¿de quién es esta manita?
—Uff... ¡ni idea!
—¡Enfermera, la verdad que esta morgue hay un desorden total!

Un niño le dice a su mamá:
—Mamá, mamá, ¿me puedo comer un cubito de hielo?
—Bueno hijito, cómete uno si quieres.
Al rato:
—¡Mamá, mamá! ¿me puedo comer otro cubito?
—Bueno hijo, te puede comer un cubito.
Y así sigue el niño por un buen rato pidiendo cubitos de hielo, hasta que:
—Mamá, mamá, ¿me puedo comer otro cubito de hielo?
—¡Mi amor! Si te sigues comiendo el hielo, ¡¡¡tu hermanito va a llegar putrefacto a la funeraria!!!

Un hombre va paseando y se encuentra con un amigo y este le pregunta:
—¿Qué te pasa que te veo tan decaído?
Y este le responde:
—Es que se me ha muerto mi madre.
Y el amigo le responde:
—Menudo día llevamos, a ti se te muere tu madre y a mí se me pierde el bolígrafo.

Un sádico, un masoquista, un asesino, un necrófilo, un zoofílico y un pirómano (casi nada) están sentados en un banco del parque sin saber que hacer, algo totalmente habitual.
En esas que pasa un gato callejero frente a ellos y el zoofílico dice:
—¿Agarramos el gato y nos lo follamos?...
Dice el sádico:
—Vale, vale, nos lo follamos y luego le hostiamos...
Y el asesino:
—Eso, eso... nos lo follamos, lo hostiamos y luego lo matamos...
El necrófilo añade: —¡Cojonudo! nos lo follamos, lo hostiamos hasta que se muera y luego nos lo follamos otra vez...
El pirómano visiblemente ilusionado:
—¡Bien! vale, nos lo follamos, lo hostiamos, lo matamos, nos lo volvemos a follar y luego le pegamos fuego...
El masoca, soltando babas por la boca, se pone a cuatro patas y dice:
—¡Miauuuuu...!

Un niño llama a un portero automático:
—¿Puede bajar Juanito a jugar al fútbol?
—Pero si Juanito no tiene ni brazos ni piernas.
—Ya, pero bota muy bien.

—¿Qué hace una mujer en una bañera llena de sangre?
—Masturbarse con una batidora.

—Me he comprado un casco que lo aguanta todo...
El otro coge un martillo de tirar paredes y le da en la cabeza con toda sus fuerzas.
Al del casco le empieza a salir los sesos por la nariz y le dice el otro:
—Suénate los mocos que te voy a dar otra vez.

El lunes negro, un hombre llama por teléfono a una oficina en Wall Street y lo coge una secretaria.
—¿Puedo hablar con el señor Spencer, mi corredor de bolsa, por favor?
—Lo lamento, pero el señor Spencer ha fallecido. ¿Puedo ponerle en contacto con otra persona para que le ayude?
—No, gracias.
Cuelga. Al cabo de diez minutos vuelve a llamar.
—¿Puedo hablar con el señor Spencer, mi corredor de bolsa, por favor?
—No, ya le dije antes que ha muerto. ¿Puedo ayudarle en otra cosa?
—No, gracias.
Cuelga. Quince minutos mas tarde:
—¿Puedo hablar con el señor Spencer, mi corredor de bolsa, por favor?
—¿Pero bueno, es que acaso se cree usted que me lo estoy inventando? ¡El señor Spencer se ha suicidado esta mañana, no esta aquí! ¡Usted no puede hablar con él, es imposible. ¿Por qué $%#@*! insiste en hablar con él si ya le he dicho que ha muerto?
—Es que me encanta oírlo.

Van a ejecutar a dos condenados a muerte.
—¿Algún último deseo?
—Sí, me gustaría escuchar un disco del Perales.
—De acuerdo. ¿Y tú?
—Quisiera que me matasen antes.

Está una niña ciega llorando en un bosque. Se acerca un psicópata con un machete del copón y le pregunta a la niña:
—¿Por qué lloras?
—Porque quiero una armónica y no me la han comprado.
El psicópata, dándole el machete, le dice:
—Toma una armónica
Y la sonrisa de la niña fue cada vez más grande...

¡¡Ring, Ring!!
—¿Diga?
—Hijo, dile a mamá que se ponga.
Al rato vuelve el niño.
—No se pude poner porque está con papá en la cama.
—¡¡Pero eso cómo va a ser niño, si papá soy yo!!
—Bueno, papá, pues mamá está con un hombre en la cama.

—¿Conoces el caso de esa enfermera que se tragó una cuchilla? Se hizo ella solita una traqueotomía, una apendicetomía, una histerectomía, y además circuncidó a todos los doctores del turno de noche.

—Camarero, camarero, la carne sírvamela cruda.
—¿Como cuánto de cruda, señor?
—Que le pinches y le duela.

—.... me cago en la mar serena otra vez me la está pegando....
—Mira, hijo, vete a la cocina y coge el cuchillo más grande que haya.
Al rato vuelve el niño.
—Ya está, papá.
—Ahora, vete al cuarto, los acuchillas a los dos y los cortas en pedacitos.
Al rato vuelve el niño.
—Ya está, Papá.
—Pues ahora, coge un saco de la despensa y mete todos los trocitos dentro.
Al rato vuelve el niño.
—Ya está, papá.
—Bueno, pues coge el saco y lo tiras al pozo que hay en el patio.
—Papá, si nosotros no tenemos pozo, vivimos en un quinto piso.
—Pero niño, ¿a qué número he llamado yo?

PESCADORES

CON EL PESCADO Y LA MUJER, CUIDADO HAS DE TENER...

—¿Sabéis por qué Noé no salió a pescar durante el diluvio?
—Porque solo tenía dos lombrices....

Entre dos pescadores. Uno, mostrando el brazo entero, dice:
—¡Ayer yo pesqué un pez así!
El otro pescador le dice:
—¡No seas tan mentiroso! ¡No existen peces tan peludos!

Un aficionado a la pesca está sentado en el bar del puerto tomando una copa. En ese momento entra un gigantón cargador del muelle y acercándose va y le coge la copa y se la bebe.

El hombrecito lo mira y arranca a llorar, a lo que el hombretón dándole lástima le dice: —Pero tío no te preocupes, solo era una broma y te invito a una copa.

El hombrecito lo vuelve a mirar y le dice: —No, si no lloro por la copa... es que hoy ha sido el peor día de mi vida; esta mañana me despidieron del trabajo... fui a coger el coche y me lo habían robado... llegué a casa y me encuentro a mi mujer en la cama con otro .... y me dije que lo mejor era venirme a pescar... y cuando llego al puerto me encuentro el barco hundido y ahora que estaba pensando en matarme.... VIENES TÚ Y TE BEBES MI COPA DE CIANURO.

—¿Sí... dígame? —contesta la voz de Manolo desde el otro lado del teléfono.
—Hola colega, te llamaba para preguntarte si vas el sábado de pesca.
—Seguramente sí, ¿por qué me lo preguntas?
—¿Te vas a venir con nosotros?
—No lo se todavía, es mucha pesquera para la parienta y se me mosqueará. Por cierto, se me olvidaba decírtelo... No veas el pesquerón que acabo de hacer... je je. Acabo de volver y los vecinos no se podían creer lo que estaban viendo...

—¿Síiiiiiii?

—... je je. ¿Adivinas lo que he pillao?... cinco sargetones, tres doradas, un borriquete, dos urtas y un pargo que quita el hipo... je je... el más chico pesará como 2 o 3 kilos... La gente en la playa no se lo podían creen, no veas cómo tiraban los bichos ... he tenido que agradecer los aplausos y las felicitaciones.

—Vaya... hombre... enhorabuena. La peña tampoco se lo creerá, pero tendremos que felicitarte.

—Lo mejor fue cuando la reportera de la revista «PESCA» me besó y me susurró al oído... Antonio... Antonio... ¡ANTONIO! ¡ANTOONIO!... joder... Antonio, despiértate ya que son las cinco de la mañana y lleva un rato sonando el despertador. Siempre te pasa igual, mucho despertador y te tengo que llamar yo... ANTOOOOOOOOONIOOOOOOOOO.

Dos pescadores estaban pescando, cuando notaron que la red pesaba bastante. Uno de ellos subió la red al bote y era una sirena. Él la miró un instante y luego la echó al mar.

—Pero, ¿por qué? —dijo el otro pescador asombrado.

Y el otro responde: —Pero, ¿por dónde?

Un señor está sentado en la calle con una caña de pescar.
—¿Qué? ¿Pican muchos?, le dice otro que pasa por allí.
—Con usted van siete.

Un niño le pregunta a
su padre:
—Papá, papá, ¿los
peces se sientan?
—Por supuesto. Y si
no ¿para qué crees
que existen los bancos
de sardinas?

Bonifacio se levanta a las cuatro de la mañana y se prepara para ir de pesca. La mujer le dice:
—Bonifacio, quédate en casa. ¿No oyes el aguacero que está cayendo?
—¡No importa! —dice Bonifacio, -La lluvia no va a parar a un buen pescador.
Sale de la casa y va a la parada de autobuses. Pasa más de una hora mojándose y con una viento fortísimo, y el autobús nunca llega. Por fin Bonifacio se rinde y vuelve a la casa. Se quita la ropa mojada y, temblando del frío, se mete en la cama, diciendo:
—¡Qué maldita tempestad!
—¡Imagínate! Y el idiota de Bonifacio se fue de pesca -dice la mujer.

Un pescador en invierno sale de pesca y cuando llega a la orilla del lago ve a otro que acaba de sacar una trucha inmensa. De inmediato se instala cerca de él para aprovechar la suerte.
Con gran desconcierto va viendo como el que está a su lado continúa sacando truchas y él nada. Pasa el tiempo y se anima a preguntar el secreto de su vecino.
—Buen hombre ¿Qué le pone usted a la carnada o qué carnada usa para tener tanto éxito?
—Lsr poegans en la bouq para ensticbk, —le responde.

—Disculpe, pero no le entiendo.

La nueva respuesta igual de indescifrable.

—Usted me perdonará, pero no entiendo lo que me está diciendo.

—¡DIGO QUE LAS LOMBRICES LAS TENGO EN LA BOCA PORQUE LES GUSTA ESTAR HÚMEDAS Y CALENTITAS!

Llega Manolo a pescar en un lago helado. Abre con mucho trabajo un agujero y cuando va a meter el sedal y el anzuelo, oye una voz desde lo alto que le dice:

—¡AHÍ NO HAY PECES...!

Desconfiado como es, prueba a pescar y no consigue ningún pez. Convencido al fin, camina otro poco y abre otro agujero. Va a meter el sedal y el anzuelo cuando oye, otra vez, la voz desde lo alto:

—¡AHÍ TAMPOCO HAY PECES...!

Haciendo caso omiso, prueba un rato sin que ninguno pique. Se levanta, camina algo más, y cuando va a abrir otro agujero, la voz le dice nuevamente:

—¡TAMPOCO AHÍ VAS A ENCONTRAR PECES...!

Manolo, disgustado, le replica a la voz:

—¿Y tú, cómo sabes tanto? ¿Acaso eres Dios?

—¡NO, PERO SOY EL GERENTE DE ESTA PISTA DE HIELO!

Está Eva en el paraíso y le entran ganas de echar un casquete. Ve un dinosaurio y lo persigue, pero este se escapa hasta que se cae por un barranco. Más tarde ve un mono, también lo persigue hasta que consigue agarrarlo por los pelos del culo y se los arranca.

Eva decide meterse en un río cercano, entonces ve un pez y decide calmarse con él. Conclusión: sabemos como se extinguieron los dinosaurios, por qué los monos no tienen pelos en el culo, pero lo que nunca llegaremos a saber es a qué olían antes los peces.

Una pareja se fue de vacaciones a una laguna donde se podía pescar. El esposo amaba pescar al amanecer y a su mujer le encantaba leer.

Una mañana, el esposo volvió después de varias horas de pesca y decidió tumbarse y dormir una pequeña siesta. Aunque no estaba familiarizada con el lago, la esposa decidió salir a pasear en el bote. Remó una pequeña distancia, ancló el bote y retomó la lectura de su libro. Al poco rato apareció el guarda en su bote. Llamó la atención de la mujer y le dijo:

—Buenos días, señora... ¿Qué está haciendo?

—Leyendo —respondió ella, pensando que era obvio lo que estaba haciendo.

—Se encuentra en un área de pesca restringida.

—¡Pero si no estoy pescando...! ¿No lo ve?

—Sí pero tiene todo el equipo. Tendré que llevarla conmigo y ponerle una multa.

—¡Si usted hace eso lo denunciaré por violación! —dijo la mujer indignada.

—¡Pero si ni siquiera la he tocado...!

—¡Sí, pero tiene todo el equipo!

El marido llama a la casa y le dice a su esposa:

—Cariño me acaba de salir una oportunidad única para irme de pesca por una semana, pero me tengo que ir ya. Por favor, prepárame el equipaje con las cosas de pescar, ropa y no se te olvide el pijama azul de seda.

Una hora más tarde pasa por su casa y su señora ya le tiene todo listo. Se despide y se va.

A la semana regresa y la señora le pregunta:

—¿Cómo te ha ido?

—Bárbaro, le contesta él. Lo único que te olvidaste fue del pijama.

A lo que la mujer con una sonrisa le responde:

—No, no me olvidé. Lo puse en la caja de los anzuelos.

Un tío lleva tres horas pescando sin ningún resultado, en esto que viene el cartero del pueblo, mete la mano en el agua y empieza a sacar truchas una tras otra.
-¡Pero bueno! ¿Cómo puede hacer eso? —le pregunta sorprendido.
-No, yo es que las pesco con la mano.
-Pero eso tendrá truco, ¿no?
-Bueno, como usted me ha caído bien le diré el truco. Lo único que tiene que hacer usted es meterle la mano en la entrepierna a su mujer y después venir a pescar. Al meter la mano en el agua los peces se sienten atraídos y los puede coger con la mano.
-Gracias, gracias —le responde satisfecho.
A la mañana siguiente se acerca a su mujer y le mete mano.
Ella exclama: —¡¿Qué?¡ ¡¿Te vas de pesca hoy?!

Bonifacio y su hijo fueron de pesca. Están sentados en un bote con las cañas en las manos. El hijo empieza a hacer preguntas:
—Papi. ¿Por qué el bote no se hunde?
—¡Ahora no, hijo mio! —dice Bonifacio atento al flotador. Pasa un rato y el hijo vuelve a preguntar:
—Papi. ¿Cómo los peces respiran bajo agua?

—¡Ahora no, hijo mio!

Pasa otro rato y el hijo le pregunta:

—Papi. ¿Por qué el cielo es azul?

—¡Ahora no, hijo mio!

El muchacho se queda callado por un tiempo, luego dice:

—Papi. ¿No te molestas con las preguntas que te hago?

—¡No! ¿Cómo me voy a molestar? Si no preguntas, nunca vas a saber nada...

Manolo salió a pescar con un amigo, alquilaron una barca y fueron a la mitad del lago. Pasó una hora sin que pescaran nada. Remaron hasta otra parte, pero pasaron dos horas... y tampoco. Remaron hasta otro lugar y ahí sí pescaron muchísimo. Manolo comentó:

—Oye, tío, este sitio es el mejor, deberíamos marcarlo para volver mañana.

Entonces el amigo tomó un lápiz y se zambulló. Al rato salió y Manolo le preguntó:

—¿Dónde hiciste la marca?

—En el fondo de la barca.

—¡Si serás bruto! ¿Y si mañana nos dan otra barca?

Habían asignado un nuevo gerente de ventas en el almacén, y este quiso espiar a sus vendedores para percatarse cuan competentes eran. Así que se dio una vuelta por el departamento de artículos deportivos, allí se hallaba un vendedor y un cliente.

Vendedor: —Llévese esta caña de pescar, fíjese que está fabricada con fibra de vidrio, estructura interna reforzada con polímeros microestáticos, lo que le asegura una

UN PESCADOR SIN LICENCIA PESCA UN PEZ INMENSO, LE QUITA LA PIEL PARA DEJARLO LIMPIO Y EN ESO LLEGA EL GUARDACOSTAS. SABIÉNDOSE ILEGAL VA Y TIRA EL PESCADO AL AGUA.

—VAMOS A VER, LICENCIA DE PESCA.

—PERO OIGA, QUE YO NO ESTOY PESCANDO.

RESPONDE EL PESCADOR

—Y ESE PELLEJO QUE ESTÁ AHÍ?

—QUÉ PELLEJO NI PELLEJO. ES QUE HA VENIDO UN BICHO Y ME HA DICHO QUE LE GUARDE LA ROPA MIENTRAS SE BAÑA...

perfecta flexión y mayor resistencia.... es lo último en tecnología espacial.

Cliente: —Bueno, vera yo no se...está bien me la llevo.

Vendedor: —Bueno, si va a llevar esa fabulosa caña, le hace falta un buen nylon, lleve este elaborado en fibra de kevlar, resiste hasta dentelladas de tiburones con 200 kilos de presión!

Cliente: —Bueno, vera yo no sé...está bien, su Ud. lo dice.

Vendedor: —Hey, hey , hey para esa caña y ese nylon , usted debe llevar un señuelo profesional, lleve este fabricado de fibra óptica lo último en tecnología, además contiene un gel que simula el olor de la carnada, lo que vuelve loco a las presas, es genial.

Cliente: —Bueno, verá! ...está bien me la llevo.

Vendedor: —Para este equipamiento no me dirá que lo va a usar en la playa, ahí no hay casi pesca. Debe llevarse esta lancha cabinada especial para la pesca de altura que es el último modelo.

Cliente: —Vera es que yo...... sí bueno.

Vendedor: —Claro está, ese barco necesita potencia para ir a las marcas en alta mar. Para ello no hay mejores motores que estos dos motores de 200 caballos. Podrá ir a cualquier parte.

Cliente: —Bueno, vera yo no sé...está bien, su Ud. lo recomienda.

Vendedor: —Está bien, perdón señor, donde le pongo todo?

Cliente: —Bueno, vera póngalo en ese Volswagen...

Vendedor: —Hey eso no está bien,

Un pescador en plena veda de pulpos, pesca uno de un tamaño inmenso. En ese momento ve venir a la guardia costera y nervioso coge al pulpo y se lo echa por el hombro.
—¿No sabe usted que está prohibido pescar pulpos?
—El pescador mira al pulpo incrédulo y responde al policía.
—Ya le decía yo a este puñetero bicho que nadie se iba a creer el cariño que me ha tomado.

usted lleva esta estupenda caña, con todos los accesorios y extras profesionales, un barco último modelo y no debe llevarlos en un Volswagen! No señor usted necesita un 4x4, sí señor!
Cliente: —Bueno, pero yo no tengo dinero, verá que...
Vendedor: —Nada de eso, el dinero no es problema, pasemos por el departamento financiero, donde le prepararán un fabuloso plan de financiación para todas sus compras.
Y el cliente compró todo. El gerente que estaba viendo la escena, llamó al vendedor para felicitarlo.
Gerente: —Usted es fabuloso hombre, este tipo vino por una caña de pescar, y usted le ha vendido el mejor equipo, un barco y hasta un 4x4!...permítame felicitarlo!
Vendedor: —Caña de pescar? nooo. Este señor vino por unas compresas para la menstruación de su mujer, y yo le dije: ¿compresas?, pero hombre! se va a aburrir este fin de semana? ¿POR QUÉ NO SE VA DE PESCA?...

Dos pescadores se deciden a irse de vacaciones para pescar, y lo hacen a lo grande. Alquilan un bote, todo el equipamiento de pesca y hasta una cabaña. Se gastan una fortuna en los preparativos.
Una vez en el mar, pasan los días pescando sin tener fortuna alguna. Al final, el último día, uno de ellos pesca un pececillo y comenta frustrado:
—Tío, te das cuenta de que esta birria de pez nos ha costado nada más y nada menos que 2.000 euros.
A lo que contesta el otro:
—¡Jo! , pues menos mal que solo hemos pescado uno.

POLÍTICOS

AL MÁS TONTO LE DAN UN LÁPIZ...

Un hombre aparca frente al Congreso de Diputados. Sale el portero corriendo y le dice:
—Oiga, señor, quite inmediatamente el coche de aquí.
—¿Por qué? ¿Qué pasa?
—Es que están a punto de salir los diputados.
—Ah, bueno. No se preocupe, tengo antirrobo.

Están Aznar, Bush y Blair hablando sobre la invasión de Irak, cuando Bush, contemplando su teléfono móvil dice:
—E mí, esto de las nuevas tecnologías me va un poco grande. No alcanzo a saber cómo puedo hablar con este teléfono con cualquier presidente del mundo sin que hayan hilos ni postes telefónicos desde Estados Unidos hasta cualquier rincón del mundo.
—Claro, claro —asienten Blair y Aznar ante tal profunda reflexión.
Entonces Blair, con cara seria, dice:
—Pues a mí, lo que más me sorprende de las nuevas tecnologías es el fax. No entiendo cómo puedes meter un documento en el fax de Downing Street y te aparezca a ti en la Casa Blanca.
—Claro, claro —asienten esta vez Bush y Aznar.
Aznar, con la profunda mirada que lo caracteriza y frunciendo el ceño, dice:
—Pues yo, lo que realmente no entiendo cómo funciona, es lo del termo.
—¡¿El termo?! —preguntan a la vez Bush y Blair —¿qué le pasa al termo?
—Mirad —dice Aznar —en verano, cuando Anita y yo estamos en Oropesa, por la tarde salimos a pasear y compramos un litro de horchata, llegamos a casa y nos tomamos un vaso cada uno, la que queda, la guardamos en un termo y al día siguiente ¡está fría!
—Sí ¿y qué? —preguntan al unísono Blair y Bush.
—Pues que en invierno, cuando estamos en la Moncloa los domingos por la tarde y el servicio libra, hacemos una cafetera y nos tomamos un café Anita y yo y el que sobra lo guardamos en el termo y el lunes, temprano, cuando

me levanto, lo primero que hago es tomarme el café del termo ¡y está caliente!
—¡Claro! —responden nuevamente los presidentes.
—¿Sí? ¿Y cómo sabe el termo cuándo es verano y cuándo es invierno?

Fidel Castro, se muere y llega al infierno, allí se encuentran otros ex presidentes llamando por teléfono a sus respectivos países.
Al encontrase con su amigo Gorbachob le pregunta.
—¿Qué tal Rusia?
—Va algo mejor, pero la llamada me ha salido en 40.000 rublos, una fortuna.
Fidel decide preguntar al Diablo:
—¿Cuánto me cuesta llamar a Cuba?
—25 centavos —contesta el diablo.
—¿Pero cómo es tan barato? —vuelve a preguntar Fidel.
—Mi Comandante, es barata porque es llamada local —responde el diablo.

Dos personas van a cenar a un restaurante, y le piden al camarero de primero una sopa de tortuga. Pasa el tiempo y la sopa no llega.

Intrigados, le preguntan al camarero por la sopa y este les responde:

—Verán, es que la tortuga se ha escondido en el caparazón y no hay forma de cortarle la cabeza para matarla.

Uno de los comensales se levanta diciendo:

—Quite, quite, que esto lo arreglo yo en un momento.

Se dirige a la cocina, coge la tortuga, se remanga un brazo de la chaqueta, y le mete un dedo por el culo. La tortuga pega un grito, y saca la cabeza. El tío, con la otra mano agarra un cuchillo y de un tajo les corta la cabeza al animal.

—Ve que fácil.

El chef, sorprendido, le pregunta dónde ha aprendido esa técnica para matar tortugas, a lo que el comensal le contesta:

—Es que yo soy el mayordomo de Jordi Pujol, y ¿cómo cree que me las arreglo cada día ponerle la corbata?

Después de estacionar el coche frente al Congreso de los Diputados, escuché un tremendo griterío que salía desde la sala:

—Hijo de p..., ladrón, mentiroso, sinvergüenza, flojo de m..., cabrón, corrupto, vendido, falsificador, prevaricador, bandido, vago de m..........

Asustado le pregunté al guardia de la entrada:

—Señor, ¿qué pasa dentro?, ¿se están peleando...?

—No —respondió el guardia— ¡¡¡yo creo que están pasando lista...!!!

Un día Aznar va al cura de la iglesia de su comunidad, y le dice:

—Padre, quiero confesarme.

—Claro hijo, ¿cuál es tu nombre?

—José María Aznar, padre.

—¡Ah! EL EX PRESIDENTE. Mira hijo, tu caso es superior a mí, mejor vete al obispado a confesar.

Se va Aznar al obispado, y le dice al obispo que se quiere confesar.

—Claro hijo, ¿cómo te llamas?

—José María Aznar

—¿EL EX PRESIDENTE? No hijo, yo no puedo confesarte porque tú caso es muy grave. Mejor vete al Vaticano.

Llega Aznar al Vaticano, y le dice al Papa:

—Su Santidad, quiero confesarme.

—Claro hijo mío. ¿Cómo te llamas?

—José María Aznar.

—¿IL EX PRESIDENTE DELLA ESPAGNA?

—Sí.

—Uy, uy, uy, caro figlio, el tuo problema necesita del poder divino y no de mi. Mira, aquí a un costado del Vaticano hay una capilla. Mejor ve ahí, y en esa capilla está una cruz gigante. Solamente allí te vas a poder confesar.

Aznar llega a la capilla y enfrente de la cruz dice:

—Señor, vengo a confesarme.

Y Jesús le contesta:

—Claro hijo mío, ¿cómo te llamas?

—José María Aznar.

—¿IL AZNAR QUE GOBERNATI EN LA NAZIONE ESPAGNOLA?

—Así es Señor.

—Hijo mío... TU CASO ES MOLTO CLARO. Solamente da gracias.

—Aznar extrañado le pregunta:

—¿Gracias? ¿Pero gracias por qué?

—Dale gracias a los romanos que me clavaron aquí, porque sino bajaba y TE SACABA A OSTIAS DEL PLANETA.

Resulta que Felipe González, en la época que era el Presidente del Gobierno Español, se va de visita oficial a Estados Unidos. Allí se encuentra con Clinton en la Casa Blanca. Después de unas horas de charla informal tiene la necesidad de ir al baño y

Llega Barak Obama al Cielo, temeroso de que le nieguen la entrada, por problemas de racismo.
¿Nombre? —le pregunta san Pedro.
Leonardo di Caprio —contesta don Obama.
San Pedro lo mira incrédulo y le vuelve a preguntar su nombre...
—Leonardo Di Caprio —insiste el presidente, que ya no puede echarse atrás.
San Pedro agarra el teléfono y confundido, llama a Dios:
—Oiga Jefe, —le dice—, con todo respeto. Sáqueme de una duda, El Titanic, ¿se hundió o se quemó?

al salir Clinton presume de la técnica de los baños de Estados Unidos.

Felipe González, algo molesto, le dice a Clinton que la técnica sanitaria española está muy avanzada y que ya tendrá ocasión de comprobarlo cuando venga de visita a España.

Pasan unos meses y Clinton viene a España de visita y claro, Felipe González ya se había olvidado el incidente del baño.

En esto, Clinton se lo recuerda y se va directo al baño.

Felipe, pillado por sorpresa y sin saber que hacer llama a su ayudante de cámara y le dice que vaya por debajo del baño y que cuando Clinton termine de hacer sus necesidades le limpie el culo con una escobilla.

Corre el ayudante donde están las tuberías del baño, abre la tubería del retrete y espera a que no caiga mas mierda.

Clinton, mientras tanto, estaba tan tranquilo haciendo sus necesidades sentado a la vez que inspeccionaba el baño con la mirada, el cual le parecía de lo mas normal, incluso faltaba papel para limpiarse el culo. En esto va Clinton y termina de cagar y, el ayudante de cámara, que estaba atento por debajo, empieza a cepillarle el culo con una escobilla, zac... zac... zac...

Clinton, sorprendido, da un salto, se pone de pie y no puede evitar la tentación de mirar dentro de la taza para poder ver esa técnica tan maravillosa que jamás había visto antes, pero al acercarse a la taza, el ayudante no tiene tiempo de parar de dar con el cepillo y le deja la cara llena de mierda.

Clinton se lava la cara y se asea un poco y luego vuelve a la mesa donde le esperaba ya Felipe González ansioso por saber lo que había sucedido.

Al verlo llegar, Felipe le dice: —A que la técnica sanitaria española es maravillosa.

Y Clinton le responde: —Sí, la verdad es que sí. Lo único que tenemos que hacer para mejorarla es instalar un chip que diferencie el culo de la cara.

—Buenos días señorita, ¿me hace el favor de abonarme este cheque?

—Con mucho gusto señor. ¿Me permite su carné de identidad?

—Pues me lo he dejado en casa, pero soy José Luis Rodríguez Zapatero, el Presidente del Gobierno de España.

—Sí señor, pero debe mostrar una identificación, aunque sea su carné de conducir con fotografía.

—Mire, no traigo identificación, pero pregúntele a quien quiera, ¿soy Zapatero...?

—Lo siento señor, pero son las reglas del banco. Usted me debe enseñar alguna identificación.

Pues no traigo ninguna señorita, y me urge cambiar este cheque.

—Mire señor, lo que podemos hacer es lo siguiente: el otro día vino Ronaldo con el mismo problema, no traía identificación y para probar que era él, le sacaron una pelota, dio unas pataditas y metió varios goles. Así se comprobó que era en verdad Ronaldo.

—También vino Plácido Domingo y no traía su carné de identidad, entonces se enjuagó la boca y nos deleitó con una hermosa ópera y así nos demostró que era en verdad Plácido Domingo.

—Entonces usted puede hacer lo mismo. Haga algo para probar que es José Luis Rodríguez Zapatero.

Zapatero se queda pensativo durante un buen rato y dice: —Mmmm, caramba señorita, la verdad es que solo se me ocurren gilipolleces.

—Perfecto señor Zapatero. ¿El importe del cheque, lo quiere en billetes grandes o pequeños?

Va Zapatero conduciendo y le para un guardia civil de derechas.

—Buenas noches, esto es un control de alcoholemia, pero tenemos el aparato estropeado así que le voy a hacer una serie de preguntas para saber si usted está bebido o no, ¿de acuerdo?

—Va usted por la carretera y de frente ve dos luces que se acercan. ¿Qué piensa usted que es?

—¡Pues qué va a ser! ¡Un coche!

—Sí, pero ¿qué coche? BMW, Mercedes, SEAT...

—Y, ¿cómo quiere que lo sepa?

—Mal empezamos ¿eh? Creo que usted no va a pasar la prueba. Siguiente pregunta: Va usted por la carretera y ve de frente una luz que se acerca. ¿Qué es?

—¡Pues qué va a ser! ¡Una moto!

—Sí, pero ¿qué moto? Kawasaki, Suzuki, Yamaha...

—Y, ¿cómo quiere que lo sepa?

—Definitivamente creo que usted va a dar positivo en la prueba de alcoholemia. Voy a hacerle la última pregunta. Va usted por la carretera y en la cuneta ve una señorita con poca ropa, minifalda, un gran escote, está apoyada que en una columna moviendo su bolso en círculos. ¿Qué cree usted que es?

—¡Pues qué va a ser! ¡Una pu..!

—Sí, pero ¿quién? Su madre, su hermana, su abuela...

Llega Zapatero a su casa y le dice a Sonsoles:

—Mi amor, tengo un grave problema en Ferraz.

Y Sonsoles le responde muy alentadoramente:

—No te preocupes mi presidentito, nunca digas tengo un problema, di tenemos un problema.

A lo que ZP contesta:

—Muy bien, entonces, nuestra secretaria va a tener un hijo nuestro...

VASCOS

SON COMO SON...

—Patxi, ¿te das cuenta que estamos discutiendo pudiendo arreglar esto a hostias?

—¿Qué le falta al coche fantástico?
—La matrícula de Bilbao.

Patxi e Iñaki salen a pescar sardinas a la ría de Bilbao. Quedan en el muelle a las 11 y aparece Patxi con una boya de 4 metros de diámetro colgada de la caña.
—Oye Patxi, ¿y por qué llevas esa boya tan grande joder?
—Ya ves, es mucho mejor porque tú la tiras y, aunque haya una tormenta con olas de 4 metros, siempre ves la boya y sabes donde tienes el anzuelo.
—Ah, claro, claro. Oye pues, ¿y de dónde la sacaste?
—Mira tú, pues que el otro día iba por la calle y me encontré una lámpara mágica, la froté y me salió un genio que dijo que le pidiera cualquier cosa que deseara en el mundo, y que me la daría y la hostia pues y así.
—Oyes, pues luego voy a tu casa y le pido yo un deseo ¡mecagüen!
—Vale, vale.
Media hora más tarde, en casa de Patxi, coge Iñaki la lámpara, la frota y sale un genio.
—Pídeme un deseo y te será concedido.
—Quiero tener pelas, muchas pelas, muchísimas pelas.
—Vete ahora mismo a tu casa que tu deseo ha sido concedido.
Se va Iñaki para su casa, abre la puerta y se encuentra la casa completamente llena de velas y cirios de 2 metros de altura.
Llama Iñaki a Patxi:
—Oye Patxi, que yo le he pedido al genio tener muchas PELAS y me ha llenado la casa de VELAS.
—Nos ha jodido, a ver si te crees que yo le he pedido tener la BOYA más grande del mundo.

Dos vascos:

—Oye, Txetxu, en ¿el cielo habrá frontón?

—Pues yo creo que sí, Patxi, porque si allí todo es perfecto, pues habrá frontón.

—Oye, pues el primero que se muera que se lo diga al otro.

—De acuerdo

Al cabo de unos años, Txetxu se muere y al día siguiente Patxi oye una voz de ultratumba:

—Patxi, Patxi, Patxi, soy Txetxu.

—¿Qué quieres?

—Que te tengo que dar dos noticias, una buena y otra mala.

—Primero la buena.

—Que yo tenía razón, que hay un frontón que te pasas, de más de 60 metros de fondo y unas instalaciones alucinantes.

—¿Y la noticia mala?

—Que juegas mañana a las 11:00.

Un testigo de Jehová se sienta junto a un vasco en un vuelo Bilbao-Tenerife.

Cuando el avión ha despegado empiezan a repartir bebidas a los pasajeros.

El vasco pide un whisky doble.

La azafata le pregunta al testigo de Jehová si quiere beber algo y el testigo de Jehová contesta con mal tono:

—Prefiero ser raptado y violado salvajemente por una do-

cena de putas antes que una gota de alcohol toque mis labios.

El vasco le devuelve el whisky a la azafata y dice:

—Yo también quiero eso. No sabía que se podía elegir.

Patxi y Aitor entran en el batzoki del tío Eneko.

Al entrar, Patxi se fija en una máquina de coca colas recién instalada en el local. Se acerca, mete un euro, aprieta el botón, y... ¡clonk!, baja una lata de coca cola. La agarra, la mira fijamente, la deja en el suelo, saca otro euro, aprieta el botón, baja otra lata, la coge, la mira, la deja en el suelo, saca otros 20 euros... Media hora más tarde Aitor le ve rodeado de latas de coca cola, apiladas por doquier, y le dice:

—Venga, Patxi, ostias, que nos vamos.

A lo que Patxi responde:

—¡No me jodas, que estoy en racha!

¿En qué se diferencia un cura vasco de un cura normal?
El cura normal dice:
—¡Cuerpo de Cristo!
Y el cura vasco dice:
—¡Ahí va la ostia!

—Oye Patxi, ¿tú sabías que hay otras culturas?
—Y ¿qué levantan pues?

Le dice un vasco a otro:

—¡Oye Patxi! ¿Sabes cuánto ha costado el Guggenheim?

—No, ¿cuánto?

—5.000 millones, pues.

—Bueno, con tal de que meta goles...

—Oye Patxi, ¿qué haces dándote con dos piedras en el ciruelo?

—Me estoy masturbando pues, ¿no lo ves?

—Ay va la ostia, y ¿cuándo gozas pues?

—¡Joder! cuando fallo.

Por fin muere Javier Arzallus y Dios y el Diablo se pe-
lean porque ninguno de los dos quiere tenerlo a su lado
hasta el día del Juicio Final y mucho menos el resto de la
Eternidad, por lo que deciden recurrir a una comisión
que propone que alterne un mes en el Cielo y otro en el
Infierno hasta el día del juicio.

El primer mes, Arzallus va al cielo y al poco tiempo Dios
no sabe que hacer con él, ya que lo vuelve loco con las
ideas que tiene y con los cambios que está realizando. El
jesuita se mete en todo: En el cielo ha creado una zona
para albergar a las almas procedentes de las colonias vas-
congadas, con una ikurriña gigante en la que reza la frase:
«Ongi Etorri. Entra usted en El Edén Euskaldún». Todo
ello amenizado con un grupo de espatadanchas que dan
la bienvenida a las almas procedentes de Euskalherría.

A los que llegan con el carnet del PNV, el Egin de Euske-
ra, el RH negativo y más de 20 apellidos vascos les nom-
bra Euskoarcángeles con un sueldazo celestial y les
sienta a la derecha del Aitá, al que por cierto le ha susti-
tuido el triángulo de la cabeza por un auburu y le ha cambiado el cargo de Dios por el de Lehendakari. Ha
nombrado Euskoángeles a todos los miembros de la
Mesa Nacional de Herri Batasuna y les ha cambiado el
uniforme blanco
angelical por un
kaiku de cuadri-
tos azules y ver-
des y chapela. Ha
cambiado   el
nombre de los
santos y los após-
toles pasando a
llamarse: san
Jon, san Koldo,
san Míkel, san
Andoni, etc. etc.
Las almas que es-
tán en el Cielo no
saben que hacer

NUEVA YORK. WORLD TRADE CENTER. ZONA CERO. DESPUÉS DE UN AÑO, los bomberos siguen con las tareas de salvamento, cuando de pronto, levantan un bloque de hormigón de 2.000 kilos y aparece uno de Bilbao.

—¡Ay va la ostia! Pues anda que no habéis «tardao» en rescatarme, joder. Ya me estaba muriendo de sed.

Los bomberos, la policía, los médicos, los periodistas... todos se quedan alucinados mirando al vasco, sin creérselo, y el vasco sigue:

—¡Venga un txuletón, joder! Y un txacolí que estoy seco, pues.

Un bombero, aún sin poder creer lo que ve, le pregunta:

—Oiga, perdone, ¿en la planta donde estaba usted, sabe si queda algún superviviente?

—¡Y yo qué ostias sé, joder, si yo venía en el avión!

con él y Dios no ve la hora de que se cumpla el día 30 para que se largue al infierno.

Cuando Arzallus hace las maletas y se va rumbo al infierno, Dios respira aliviado, pero al acercarse el día 30 comienza a sufrir nuevamente pensando que tiene que volver a verlo.

Sin embargo llegó el día 1 y Arzallus no aparece. Llega el día 5 y sigue sin dar señales de vida. Dios estaba feliz, pero... luego se queda pensando que acaso se haya quedado más tiempo en el infierno y pueda tocarle tenerlo dos meses seguidos en el Paraíso. Con solo pensarlo se desespera y Dios decide llamar por teléfono el infierno para preguntarles que es lo que ocurre:

Ring... ring... ring... ! y contesta un diablo recepcionista:

—Egun on...

—¿Es el Infierno?

—Bai bai.

—Soy Dios y le pido por favor que me hable en cristiano.

—Vale —dice el recepcionista en voz baja para que no le oigan.

—Por favor, quiero hablar con el demonio.

—¿Con cuál de los dos, el colorado con cuernos o el hijo puta de la chapela?

Va uno del mismo Bilbao por la autopista adelantando a todo el mundo con su coche recién comprado en la feria de su ciudad cuando de repente nota algo raro. Se echa a un lado, se baja y se da cuenta que una rueda se ha pinchado.

—¡Ay va la ostia! ¿dónde cojones estará en este coche el puto gato y la puta rueda de repuesto?

Mientras mascullaba cagándose en todo, se para uno de San Sebastián al que había adelantado anteriormente de mala manera y este le dice.

—¡Joder la ostia, de Bilbao tenías que ser! ¿No sabes que estos coches modernos no tienen ni gato ni rueda de repuesto?

—Joder, ¿y cómo se arregla esto, pues?

—Solo tienes que soplar fuerte por el tubo de escape y se vuelve a inflar la rueda.

—¡La ostia, Patxi! de cojones. Gracias, ¡eh!

El guipuchi se monta en el coche y se aleja descojonado, muriéndose de risa y pensando: ¡estos de Bilbao son bobos!

Mientras, el de Bilbao estaba sopla que te sopla por el tubo de escape.

¡Ay va la ostia, que no se infla! A ver si lo estoy haciendo mal.

Y el tío seguía y seguía: lo único que se inflaba era la vena del cuello, a punto de estallar. Ya estaba casi extenuado cuando se para otro de Bilbao.

—Oye Patxi. ¿Qué haces pues?

—Mira tú que he pinchado y ha parado un guiputxi que me ha dicho que en estos coches de ahora soplando por el tubo de escape se infla la rueda. Pero nada, por mucho que soplo no hay manera...

El otro que se empieza a reír y le dice:

—Ay va la ostia, pero mira que eres gilipollas, ¡eh!... ¡Cómo la vas a hinchar la rueda si tienes las ventanillas bajadas!

Un inglés... un francés... y un vasco. Alardeando de que su país es el más adelantado en cuestión de injertos.

Dice el inglés: —En mi país, nació un niño sin brazos, le hicimos un injerto y ganó cinco veces consecutivas el campeonato de tenis de Estados Unidos.

Le contesta el francés: —Pues en mi país nació uno sin piernas, y al cabo de veinticinco años del injerto venció siete veces consecutivas en el Tour de Francia.

Entonces dice el vasco: —Esto no es nada, en Euskal Herría nació un niño sin cabeza, le hicimos un injerto de melón, le estiramos las orejas, y llegó a ser Lehendakari, pues.

El Arnaldo viajó a Japón y se compró un par de anteojos de gran tecnología que hacía ver desnudas a todas las mujeres. Arnaldo se pone los anteojos y empieza a ver desnudas a todas las mujeres... él está encantado. Se pone los anteojos, desnudas. Se quita los anteojos, vestidas. ¡Ay, Jesús, qué maravilla! Y Arnaldo regresó a Bilbao, loco por mostrarle a su mujer la novedad.

En el avión, se siente enloquecido viendo a las azafatas totalmente desnudas. Cuando llega a la casa, inmediatamente se coloca los anteojos para ver desnuda a su mujer, María. Abre la puerta y ve a María y a Joaquín, desnudos en el sofá. Se quita los anteojos, desnudos. Se pone los anteojos, desnudos. Se los quita... desnudos. Se los pone... desnudos. Y Arnaldo dice: —¡Ostia, joder! ¡La puta que lo parió, pues...! ¡Esta mierda ya se rompió!

ÍNDICE

Otros títulos de Samuel Red:

Los mejores chistes insolentes
Samuel Red

En estas páginas se multiplican los chistes y ocurrencias de los temas más variados. La guerra de sexos, las relaciones de pareja y familiares, el sexo puro y duro, el machismo y el feminismo, incluso la religión, están representados en este libro, y a ellos podemos recurrir en cualquier momento, tanto para reírnos nosotros mismos como para provocar la carcajada y distraer a quienes nos rodean, en reuniones o veladas de todo tipo.

Los mejores chistes sobre la autoridad
Samuel Red

Este libro recoge un loco anecdotario de aventuras policiales; historias de una de las parejas más famosas de toda la historia, la de la Guardia Civil; situaciones cómicas que suceden en todos los ejércitos del mundo y, como no, algunos de los últimos chistes que se cuentan de dictadores como Franco, Hitler o Stalin. A ellos no les haría ni pizca de gracia pero si el humor es un arma defensiva, aquí podrá encontrar todo un arsenal... de risas.

Nuevos chistes verdes
Samuel Red

El verdadero remedio contra la crisis y la depresión. Un poco de humor picante siempre viene bien y es la mejor manera de hacer que a uno le suba el ánimo y así poder capear los temporales, sobre todo en tiempos de vacas flacas, cuando la crisis está por doquier y la moral por los suelos.